PORTRAIT DE MARIANNE AVEC UN POIGNARD DANS LE DOS

Du même auteur

Messieurs, Seuil, 1979
Montefalco, Seuil, 1981
Constance D, Seuil, 1982
Oncle Octave, Seuil, 1983
La Compagnie des ombres, Seuil, 1985
Le Cercle militaire, Seuil, 1987
A ceux qu'on n'a pas aimés, Seuil, 1988
Éloge de l'âge, Laffont, LGF, 1989
Les Sabots d'Émile, Laffont, 1989
Chez Cyprien, Laffont, 1990
Bal dans la maison du pendu, Laffont, 1990
Franz Laffont, 1995
Une petite vie, Éditions Flammarion, 1996
La clémence de Neptune, Rocher, 1997
Jours de France, Rocher, 1998
Le Seigneur d'Uranie, Flammarion, 1999
Lettre à Raymond qui ne croit pas au bon Dieu, Laffont 1990
De l'Est, de la peste et du reste, Laffont 1993
La barque de nuit Fayard, avril 2000
Une heure avant l'éternité, Fayard 2001
Enfants sans foi ni loi, Rocher, 2002
Nus et vêtus, Fayard, 2002
Lion Ardent ou la confession de Léonard de Vinci, Fayard, 2004
La France mérite mieux que ça, Rocher, 2005
Cent ans et demi, Fayard, 2006
Le roman de Budapest, Rocher, 2006
Gens de Campagnol, Flammarion 2012
Votre Serviteur, Flammarion, 2015
Tous les hommes naissent et meurent le même jour, Cerf, 2015
Le troisième âge est un Tiers-État, Cerf, 2015
Les âmes douces, Télémaque, 2015

Un paquebot échoué

Il y a plusieurs mois, un journaliste parisien publiait un recueil de ses articles sous le titre cinglant, mais abusif de *Suicide français*, titre qui permettait de croire que notre décadence était un phénomène naturel, comme la pulsion fatale qu'on attribue aux dauphins échoués sur les plages.

Il s'agissait de mutualiser l'échec d'une nation en le mettant au compte du corps social entier et en invoquant les lois de l'instinct. Prétendre que notre pays s'était précipité, unanimement, dans la facilité et le déclin revenait à dire que personne ne l'avait poussé.

Au moment où la France s'expose désormais chaque jour non seulement au déclin, mais à la terreur, la question des responsabilités revient au premier plan. La perte de tous les repères d'un pays et son endettement considérable, en à peine plus d'une génération, ne peuvent avoir été étrangers à l'action de ceux qui l'ont gouverné. Si le commandant du paquebot Concordia se trouvait dans la cabine le soir où son bateau s'est échoué, ce n'est pas, que je sache, comme visiteur.

À quoi bon, dira-t-on, chercher des responsables ? À supposer qu'ils existent et qu'on les rassemble dans une cage de verre pour un procès-spectacle, quel en serait le bénéfice ?

Il n'y en aurait pas un, mais deux. Le premier consisterait à les empêcher de remonter sur le pont pour nous promettre de renflouer le navire alors qu'ils viennent de l'échouer. Le deuxième proviendrait de ce que, seul, un pays qui sait revenir aux origines de ses erreurs et désigner ceux qui les ont accumulées peut espérer en surmonter les conséquences.

On nous dira que nous ne sommes pas en guerre et que la situation n'est pas si grave.

Elle est tout de même très compromise. Nous ne savons encore rien des crimes qui seront commis demain contre la France. Mais quand ils auront été commis, nous saurons qui les a permis, ce qui nous fera gagner du temps.

Une écrasante majorité de Français ne sont responsables de rien de ce qui leur arrive. Personne ne les a consultés. Ils sont à la fois terrifiés et ruinés, alors que d'autres, qui leur ont infligé le sort qu'ils connaissent, continuent à partir en vacances à l'île Maurice et à pérorer sur les plateaux de télévision. Si l'on arrache ces derniers à leur quiétude et bientôt à leur retraite pour leur demander des comptes au nom du peuple, on pratique une justice hâtive qui n'est pas, pour autant, une injustice.

Le grand remplacement des élites

À quel titre puis-je réclamer justice ?

Au même titre que la plupart de ceux qui m'écoutent. À dix-sept ans, j'avais l'idéal le plus commun pour un jeune homme sans fortune : trouver une place dans la société. La façon la plus sûre de surmonter le handicap que représentait la condition moyenne de mes parents était de profiter de la chance qu'ils m'avaient offerte d'étudier dans un collège de riches et d'y apprendre les usages.

Au nombre des usages, on rangera le choix d'un vocabulaire adéquat, la politesse, le sens de l'opportunité dans l'acception classique, c'est-à-dire la notion ce que l'on peut faire et du moment où l'on peut le faire, la connaissance de l'Histoire, et la morale chrétienne qui apportait, à tout cela, sa touche de sagesse et de mesure. La France était une sorte de monument dont on franchissait le perron en partant de la dernière marche – ou des quelques premières, selon la position de son père, mais c'était le même escalier pour tout le monde.

Hélas, au milieu des années 60, des gens essayaient déjà de passer par l'entrée de service, d'escalader les fenêtres du premier, de soudoyer le concierge afin de pénétrer dans le bâtiment sans se plier aux règles.

La culture *rock* protestataire, l'esprit de 1968, le déferlement des films du genre « je fais ce que je veux », l'art contemporain que mes oncles provinciaux appelaient « à la con » étaient sur le point de se répandre. En soi, d'ailleurs, ce n'était pas illégitime. Il est sain que les règles soient remises en cause périodiquement par une poignée de dissidents qui imaginent autre chose. À condition que la négation absolue et résolue de ce qui est réputé le bon goût, l'absence totale de contraintes, la dégradation du sacré, ne prétendent pas devenir l'esthétique officielle.

Or nous y sommes. Les révolutionnaires veulent des médailles. Les gens qui « conchient la France » comme l'ancien ministre Jean Zay sont déplacés au Panthéon en direct à la télévision. La marge a envahi le cahier, les provocateurs qui décoraient des ânes de la Légion d'honneur, ceux qui exposaient un urinoir, ceux qui écrivaient des œuvres périssables pour montrer que nous étions mortels briguent à présent l'immortalité.

Il est temps de dire à qui nous le devons et quelle épreuve ce fut pour nous que d'avoir eu du génie à vingt ans sous Giscard.

À l'âge où l'on essaye de donner la preuve de ses dispositions naturelles, il était très irritant, en 1974, de voir que nos maîtres non seulement n'en possédaient aucune, mais considéraient que le talent n'existait pas. « Notion bourgeoise, dépassée, injuste, inégalitaire », nous disait-on. Il fallait faire en sorte que tout le monde pût prétendre être doué d'imagination.

C'est ce qui est arrivé dans ma génération. Ceux qui n'avaient aucun don se sont arrangés pour amoindrir ceux des autres. Pour ce qui est de la culture dite générale, de la formation intime, de la citoyenneté de l'esprit, le niveau d'exigence moyen est tombé tellement bas que l'accès au perron a fini par devenir un plan incliné. Il ne suffisait pas de nier que l'on soit né prince ou poète, il fallait baisser la barre pour que les gens sans talent n'aient qu'à l'enjamber. C'est la mission qu'on a bientôt assignée à l'école.

« Que voulez-vous, dira-t-on, c'était le mouvement naturel de l'histoire et de la démocratie, il n'y a pas de véritable responsable, personne n'a rien décidé, ça s'est fait tout seul ».

Allons donc.

Entre « personne n'a rien décidé » et « ça s'est fait tout seul », il y a justement une nuance qui est la matière de ce livre. L'incapacité de décider quoi que ce soit, puis le fait de laisser tout casser, dégrader, dévaster, en quinze jours d'émeutes, caractérisent notre époque et notre pays. Mais que personne ne nous dise qu'il n'y a jamais eu de responsable. Qu'on ne prétende pas qu'il n'y a jamais eu de vecteur dans la lâcheté. Les responsables, les fourriers, j'ai dîné cent fois avec eux, je les ai mis en garde contre la colère de la jeunesse future. Au moment où elle devient irrépressible, essayons au moins de faire en sorte qu'elle ne reste pas irréfléchie.

Neuilly rive-droite, Neuilly rive-gauche

Pendant l'année 1967 ou 68, mon père et celui de François Hollande ont eu la même idée, celle de s'installer à Paris.

Mon père, d'humble extraction, venait d'être nommé chef de service dans une compagnie pétrolière. Nous habitions un immeuble affreux au cœur d'un quartier banal. C'était la France des DS et celle du gendarme de Saint-Tropez. On s'ennuyait beaucoup parce qu'on n'avait pas les moyens. Alors on lisait, et on réfléchissait.

Le père de François Hollande, lui, était ce qu'on appelle un grand bourgeois. Médecin, propriétaire, bientôt agent immobilier, candidat député d'extrême droite et marié à une « chrétienne de gauche » laquelle a inculqué à son rejeton les préceptes républicains dont il nous rebat les oreilles depuis quarante ans. En somme la famille était du bon côté de l'Histoire.

En 1968, les Hollande envoient leur fils dans un lycée laïque, mais huppé de Neuilly-sur-Seine où se retrouvent des enfants dont les parents, pour diverses raisons, n'ont pas voulu d'une éducation catholique.

Mon père c'est le contraire. Fils d'un boutiquier des Alpes, ayant travaillé dur pour payer ses propres études, gaulliste, loyaliste, il consent à de grands sacrifices afin d'envoyer ses fils chez les Jésuites. L'établissement, juché sur une colline des beaux quartiers de Paris, regardait la tour Eiffel. Latin-grec, culture classique (on appelait cela les *Humanités* à l'époque), ce monde-là pratiquait les usages de l'avant-guerre sinon de l'Ancien régime.

Certes, une onde puissante de modernité, pour ne pas dire un raz-de-marée de veulerie, enflait déjà quelque part derrière nous et nous le sentions vaguement comme les animaux de la jungle flairent le tsunami quatre heures avant. Mais nous étions encore dans la France des prises d'armes aux Invalides. Celle dont le dr Hollande, le père du futur président, se réclamait lui-même puisqu'il aimait les profils de légionnaires et militait pour Tixier-Vignancour, (un candidat d'extrême droite à la présidentielle, grâce à qui les campagnes françaises se sont couvertes des initiales TV peintes jusqu'au moindre cabanon).

La femme du dr Hollande, celle qu'on nous dépeint comme chrétienne de gauche, avait déjà pris le dessus, dans l'esprit de ses fils, contre la stature martiale, farouche et d'ailleurs insaisissable du père, influence que l'on retrouvera dans le traitement névrotique que le futur président réserve à l'Armée (l'une de ses obsessions et, si l'on veut croire à la logique de la Providence, il n'en a pas fini avec les militaires, car son mandat, chaotique, pourrait les vouer au maintien de la paix civile avant son départ).

Au Lycée Pasteur de Neuilly en 1972, on s'éloigne nettement de la cour des Invalides pour se rapprocher de celle des miracles. La bande dite du *Splendid*, une poignée de déconneurs de fin de banquet qui deviendront une troupe de théâtre puis un club d'investissement, côtoie, dans les couloirs, le futur président socialiste. Autour d'eux prospère l'élite explicitement non chrétienne et souvent non métropolitaine de la France. Professeurs de médecine, avocats, rentiers, affairistes, issus pour une part du monde décrit plus tard par Patrick Modiano. Ils feront d'ailleurs la fortune de ce dernier comme auteur. Nombre d'agents d'opinion de la France future se seront reconnus dans ces portraits de familles éclatées qui ont toujours un oncle venu du Liban par la Suisse ou le Monténégro. C'est une humanité francophone, mais sans racines, malmenée, mal à l'aise, à cheval sur deux pays ou deux continents, des producteurs de spectacles, des parents divorcés, des destins en dents de scie, des gens qui aiment le luxe par crainte de la pauvreté, qui voyagent beaucoup (toutes choses impensables chez les parents d'élèves des collèges religieux). Du coup leurs enfants cultivent un humour nomade un peu désespéré fait de dérision systématique envers les ploucs, les pauvres, les chasseurs, le terroir, l'aristocratie, la bourgeoisie provinciale, les curés tripoteurs, les dames d'œuvres et le catéchisme, et tous les gens qui sont nés quelque part pour y rester.

En revanche ils plébiscitent le tiers-monde, le parler africain ou créole, les plages, Saint-Tropez, Megève, la mode, la vie facile, les luttes latino-américaines, en somme l'International.

Un exemple consternant auquel on peut se référer à toutes les époques de ce récit est celui d'Evelyne Pisier, la sœur de l'actrice, qui fait partie de ces jeunes gens raisonneurs qui ont couché avec leurs ennemis de classe (dans son cas au sens propre, puisqu'elle s'est offerte à Fidel Castro). Leur vision planétaire et radicale de l'homme nouveau est héritée du communisme. Les ingénieurs sont prolétaires et tout le monde a du talent par décret. Mais elle ressemble aussi à celle du libéralisme américain pour qui les chances sont les mêmes pour tous. Ils se réconfortent mutuellement en se vautrant dans une médiocrité urbaine copain-copain qui hésite entre le flipper du coin, Lacan, Soulages, le mobilier Knoll, la musique des *Stones* et celle de Pierre Henry, un mélange qui deviendra l'art officiel des années Mitterrand.

Outre les bandes dessinées dont ils collectionnent les albums (le chanteur Renaud, symbole de cette génération, vient de revendre les siennes à 60 ans pour plusieurs millions), ils lisent Boris Vian, Raymond Queneau et *Vipère au poing*, avant de passer directement à Sartre et Roland Barthes. Mais en sautant souvent Balzac, Flaubert, Proust, Barrès, la culture historique de la vieille Europe, qu'ils n'approuvent pas, et les auteurs antisémites ou supposés tels, ce qui finit par faire beaucoup de monde. Même Camille Saint-Saëns, ce génie absolu, est encore traité aujourd'hui avec des pincettes à cause de son attitude antidreyfusarde par des gens qui, faute de révéler leurs motifs souterrains, prétendent qu'il s'agissait d'un talent mineur.

Il n'était pas très difficile de se douter que la France en constitution sur les décombres de 1968, comme ces régicides qui ont fait fortune en pillant des biens d'Église, allait influencer le destin de l'autre. Mais on ne pouvait pas soupçonner qu'elle allait l'en priver, et que le remplacement de peuple, plus tard évoqué, décrit, prophétisé par Renaud Camus, serait précédé par un indiscutable remplacement des élites, opération qui était la condition préalable au désastre démographique.

Suivez-moi, vous verrez pourquoi.

En finir avec la France de papa

L'année de la mort du général de Gaulle, 1971, les Jésuites de la colline de Passy ont envoyé au collège Sainte-Croix-de-Neuilly, à quelques kilomètres, les dix élèves de terminale qui persistaient à étudier le latin. J'ai fait partie du détachement.

Quand nous traversions la cour, ce n'était pas la grande ombre de Montherlant qui nous attendait devant la grille, mais le chanteur à bouclettes peroxydées Michel Polnareff au volant d'une Rolls décapotable bleu ciel, en route vers les Champs-Élysées. Neuilly-sur-Seine confirmait là sa vocation de partenaire naturel de Saint-Germain-des-Prés. Il existait, entre ces deux lieux de Paris, une sorte de pont idéologique qu'ont emprunté tous les héros de la France qui liait la gauche à l'argent et qui ont provoqué, par cupidité irréfléchie, la ruine de leurs compatriotes.

Que faisaient les étudiants provinciaux qui n'étaient pas de gauche et qui n'avaient pas d'argent ? Ils faisaient comme moi, peu ou prou. Ils lavaient leurs chemises dans un lavabo, se nourrissaient de biscuits, travaillaient comme pion à mi-temps, s'inscrivaient dans une agence d'intérim pour devenir magasiniers entre deux examens, préparaient l'École normale de la rue d'Ulm ou Sciences Po, mais avec dix fois moins de chances que les autres d'aller au bout. Ils se débrouillaient pour trouver une chambre et un Vélosolex en songeant « à nous deux Paris », sans s'aviser que depuis Balzac, la France avait bougé sur la photo.

Quand on lit les grands débuts dans la vie, de Barrès à Mauriac, l'un ayant d'ailleurs poussé l'autre, le schéma est immuable : « continuez mon garçon, vous avez du talent », disait le vieux maître. L'élève se remettait à l'ouvrage. Mais depuis l'apparition de cette France primesautière qui n'avait rien appris et qui s'en fichait, les écrivains de 17 ans se multipliaient.

C'était l'époque des Jean-Marc Roberts, Patrick Besson, Modiano, François-Marie Banier. Ils avaient moins de vingt ans et les cheveux dans le cou, mais ils passaient souvent à la radio. On craignait de rater le train de la renommée en s'obstinant à faire des études puisqu'ils n'en faisaient pas, mais qu'ils étaient fêtés quand même. Faute de mieux on observait le profil de Max Ernst chez Lipp. On saluait Montherlant devant Lapérouse au bras de Matzneff.

Et à Sciences Po, qui retrouvait-on, dans ces années-là, à la bibliothèque ? Une partie du petit peuple de Neuilly-sur-Seine qui n'avait pas besoin de laver ses chemises parce qu'il avait une lingère.

La moitié de ses propos trahissait le souci d'appartenir à la pensée dominante, de traquer celui qui lui semblait rétif, et de faire carrière à sa place. Nicolas Sarkozy donnait déjà du front aux actualités télévisées alors qu'il avait à peine vingt ans. Il affirmait sans cesse ses « convictions gaullistes », comme s'il venait d'y réfléchir dans la solitude d'une abbaye de campagne (alors qu'il suivait son détecteur de métaux personnel et réagissait déjà en changeant de cap au moindre bip). Pendant ces heures interminables où nous apprenions les arrêts du Conseil d'État, j'ai croisé Hollande et sa Ségolène à la bibliothèque de Sciences Po, séparément puisqu'ils n'étaient pas encore ensemble, mais à mon insu, avec l'indifférence et le mépris du type qui se demande qui sont ces gens, d'où leur vient leur assurance de parvenus – et ce qu'il fait, lui-même, dans ce tableau. Quand je revois sur les photos de l'époque le visage joufflu et juvénile de François Hollande affligé de lunettes triangulaires à la Jacques Mesrine, celles qui allaient avec les rouflaquettes et le col pelle à tarte, je revois, en vérité, avec lui, une douzaine de ses semblables : cheveux mi-longs, *Le Monde* sous le coude, des notions sur tout, des certitudes sur rien, aucun talent pour l'essentiel, c'est-à-dire la vie, la vraie, la seule, celle qui consiste à marcher le long des chemins et des ruisseaux, à regarder les autres, à deviner leurs pensées, à soulager leurs peines. Ces gens-là ne savaient ni dessiner ni jouer de la musique ni regarder un chien qui passe, ils n'aimaient rien ni personne et ils n'avaient pas lu Proust, mais tout leur paraissait également intéressant. Le monde était pour eux un inépuisable sujet d'étude : le son sériel qui fait boum-boum-clac, l'art moderne de l'exposition Pompidou, les bocaux d'urine signés Ben Vauthier au palais de Tokyo, les films violents ou malsains comme *Soldat Bleu* ou *Orange mécanique*, les expériences de toutes sortes.

À la fin de leurs phrases, ils ajoutaient toujours : « sur le plan intellectuel ». C'est le seul qui les concernait. À l'époque, on appelait ça la France Hexagonale. Les représentants du vieux monde, celui de René Coty, étaient stupéfaits de mesurer la fécondité de cette pépinière d'ilotes qu'était devenue la France de Giscard. Les chansonniers, les auteurs à la Vialatte avaient beau se moquer de leur langage, de leur ignorance du réel, il était déjà trop tard puisqu'ils étaient diplômés et que le pays en avait besoin.

Laurent Fabius, notre aîné de six ou huit ans, donnait des cours de droit administratif pour une poignée d'élèves, une dizaine, dont je faisais partie. La simplicité faite homme, comme on le suppose. Aucune prétention, aucun mépris, non, vraiment, une valeur humaine. Vêtu d'un costume trois-pièces gris clair et de ces chemises rayées qui étaient l'uniforme des technocrates de l'époque, il a commencé son cycle de cours cette année-là en nous disant : « Si vous voulez réussir, faites comme moi ». Mon voisin m'a glissé à l'oreille : « là, mec, je crois qu'on est tombés sur une flèche ».

J'ai tenu huit semaines face à ce chauve méprisant en costume clair qui était aussi aimable que son fils aujourd'hui. Je n'ai même pas besoin de décrire ce caractère puisque la France tout entière a pu comprendre, assez vite, à quelle flèche elle avait affaire. On avait peine à croire qu'il ait pu fréquenter l'école Normale tant ses fautes de langage étaient grossières. Il est l'inventeur de l'invariabilité du pronom en genre et en nombre (exemple : « les mesures sur *lequel* nous allons voter demain »), mais c'est l'une des caractéristiques génétiques de ce monde-là : le cerveau gauche, celui de la parole et du verbe, a souffert du développement de l'autre, celui qui suppute, qui classe et qui compte. Tous ces gens qui possédaient au plus haut degré la faculté de calculer, d'analyser un problème donné (généralement un problème de casuistes sur la déclaration d'utilité publique dans les villes de moins de 2000 habitants), raisonnaient dans le cadre assigné par l'énoncé sans en sortir. Leur esprit faisait preuve d'une telle précision dans l'étroitesse qu'à la fin c'est l'étroitesse qu'on en retenait. Par exemple l'extraordinaire souplesse de la langue française, qui ne sait souvent où elle va qu'une fois qu'elle est en route, leur était étrangère. C'est sans doute pourquoi ils auront été si complémentaires avec la France officielle qui les attendait. J'entends : *l'ancienne* France, celle des inaugurations, de la pompe, des discours et des souliers vernis.

Le cerveau de Mitterrand qui venait de la Troisième république fonctionnait exactement à l'envers du leur : instinctif et brouillon, mais imaginatif et rusé. Il a vu arriver ces gens-là sur la scène à un âge où il avait déjà relu Saint-Simon au moins une fois et ne pouvait pas souffrir ces énarques qui ont fait français deuxième langue. La France *de papa*, celle qui avait encore une plaquette de poésie dans la poche et que célébrait l'écrivain Jean-Edern Hallier, méprisait à juste titre les monstres engendrés par Giscard d'Estaing. Mais elle s'en est entourée. Elle ne pouvait plus rien sans eux. Leur règne était programmé par l'évolution technique et administrative du pays. Le seul qui a réussi le prodige de tenir en équilibre entre les deux mondes était Jacques Chirac, trop vulgaire pour les aristocrates et trop approximatif pour les technocrates.

J'ai servi, curieusement, de jeune secrétaire-vendeur-assistant à un certain Jacques Attali pendant la vente annuelle des livres de Sciences Po dans ces années-là. Ce n'est pas par perfidie que j'affecte de le présenter au lecteur. Dans cinquante ans, si quelqu'un ouvre ce livre, il ne saura pas de qui il s'agit alors qu'il fait partie, comme Bernard-Henri Lévy, des personnages obligatoires que le système a produits pour s'autojustifier.

Cet Attali était un fort en thème qui calculait vite et qui théorisait l'économie pendant que la dette doublait chaque année. Il avait vingt-huit ans. J'en avais dix de moins. Avec sa tête de lémurien et malgré ses grands yeux, il ne voyait personne. Pour lui le monde n'était qu'une espècc de problème de maths. Sa conduite était gouvernée par une intelligence hors jugement, hors morale, une intelligence pour elle-même en somme, qui n'avait pas besoin de lunettes parce que le réel lui était importun. C'est celle qui se marie le plus naturellement avec la pensée de la gauche moderne, laquelle se prétend rationnelle faute de mieux, car c'est tout ce qui lui reste.

Faute de quoi ? d'émotion, de générosité, de sens de la beauté, d'humanité. Le même Attali dix ans plus tard sillonnait la planète dans un avion de luxe pour essayer d'imiter les grands spéculateurs du genre Soros. Il sera contraint à quitter sa banque d'investissement européenne à la suite de révélations sur son train de vie somptuaire mais s'entêtera à croire que ses ailes de géant l'empêchaient de marcher. Quand on mesure la qualité de nos maîtres de l'époque, on est tout de même stupéfait : outre Fabius, le plus franc, le moins vaniteux des politiciens, il y avait Jean-Yves Haberer qui nous enseignait les finances publiques tout en se préparant à faire preuve, au Crédit Lyonnais, dont les archives comptables ont brûlé deux fois, des qualités de droiture et d'intelligence que l'on connaît. Les élites de l'époque représentaient vraiment la crème de la Nation.

Avec le recul des années, le pire est sans doute leur côté interchangeable. François Hollande, vaguement tenté par le Parti communiste puis devenu socialiste, s'est ensuite déguisé en jeune loup gaulliste le temps d'un livre pour s'implanter dans le radicalisme provincial et frayer avec Jacques Chirac, lequel avait été communiste avant de devenir atlantiste, puis d'inaugurer Euro Disney en coiffant les oreilles de Mickey.

Nicolas Sarkozy, dans ses débuts, faisait le siège quotidien d'Attali, qui conseillait Mitterrand, qui employait Hollande. Attali, vingt ans plus tard, conseillera le nouveau président Sarkozy, avec lequel il passera ses vacances, avant de revenir diriger je ne sais quelle commission de mathématiciens ivres d'eux-mêmes – chez Hollande. Et, dans le tableau, on voit toujours à l'arrière-plan un personnage auquel la fortune tient lieu de talent, Bernard-Henri Lévy, qui est le sosie du Zelig de Woody Allen, un personnage qui pose avec les grands de ce monde et qui prend leurs avions, mais dont, en définitive, on ne sait rien, car il n'y a rien à savoir.

Entre ces gens de bords opposés, l'inceste est une perversion ordinaire, ce qu'illustre très bien le rapport qu'ils entretenaient, tous, à cette époque, avec le *show-business*, dont les intellectuels et les politiques flattaient la compagnie. On peut et l'on doit encore citer le cas d'Evelyne Pisier, universitaire, ex-révolutionnaire puis femme de Bernard Kouchner, puis épouse d'un parlementaire socialiste, pendant que le père de ses enfants devenait ministre de Nicolas Sarkozy. Droite et gauche s'efforçaient de ratisser les mêmes relations sur les plateaux de télé. C'était d'autant plus facile que, comme nous l'avons vu en jetant à l'instant un coup d'œil à travers les portes vitrées du lycée Pasteur de Neuilly, tous provenaient exactement du même milieu.

Côté amuseurs, que diffusait-on comme image de la société ? La BD alternative influençait le café-théâtre, et le café-théâtre le cinéma, toujours sur le même thème : l'anarchie, la remise à plat de toutes les règles. On a sans doute oublié que la bande du *Splendid* a commencé au cinéma dans un film radical nommé *L'an 01*, où tout était détruit pour être rebâti à l'envers au nom du peuple. Parallèlement, on faisait partie d'une frange de nantis qui lisaient Françoise Sagan et s'entendaient sur la définition d'une nouvelle élite, antigiscardienne à défaut d'être anti-bourgeoise, qui laissait le peuple loin derrière.

À l'époque, les gens simples regardent avec bienveillance cette famille étroite de la rigolade subversive qui joue tous les rôles, qui essaie toutes les casquettes. Y compris celle des pauvres qu'elle ne connaît pas et qu'elle n'a jamais fréquentés. Elle le fait donc à sa manière, offensante, ignorante, méchante. Le propre des amuseurs de la gauche post-soixante-huitarde est d'inviter le public des salles non à se moquer de tout le monde, mais à se moquer de certains devant tout le monde.

Ces fantaisistes qui chassent en bandes pour humilier sont responsables du remplacement d'un humour franchouillard, certes poussif, mais rassembleur (Gérard Oury, Pierre Richard, Darry Cowl, Paul Préboist, Péchin, Topaloff, Sim, Robert Lamoureux, Fernand Raynaud, Les Charlots, etc.), par un autre humour, plus rapide, plus aigu, qui fait mal expressément à une partie de la population et qui la fait sortir du jeu en lui déniant toute humanité au nom des idées nouvelles, progressistes, obligatoires.

Pour se donner l'illusion de ne pas se prendre au sérieux socialement quand, en vérité, on est imbu de soi-même à la façon de Jacques Attali, on imite les jeunes technocrates décalés à chemise ouverte qui rôdent en 1975 autour de Mitterrand et qui affichent leur dédain de Giscard. On va voir les spectacles déjantés. On se contente de l'image du Peuple que décrivent les gens élevés à Neuilly. Laquelle? Celle d'une bande de ploucs minables et alcooliques.

On finirait par croire qu'il n'y en a pas d'autre or, répétons-le, le vrai peuple français existait encore, à cette époque. Il n'avait pas changé depuis Louis Jouvet, depuis la France où l'on se prénommait encore Gaston ou Lucette. C'étaient des gens modestes qui ressemblaient à leurs pères, nés dans la Creuse ou les Landes, qui n'avaient pas d'aïeul colon en Syrie ou au Liban, qui n'étaient pas du monde interlope décrit par Patrick Modiano, qui n'avaient jamais monté de société de production en 1947, qui n'avaient pas passé la guerre en Argentine ou au Maroc. C'était le peuple du *Petit Nicolas*, celui des films de Jacques Tati, un peuple souvent nourri d'apports étrangers, mais continentaux, russes, hongrois, italiens, espagnols, le peuple français en qui se reconnaissait la majorité de nos contemporains, avec les maîtresses d'école en robes à fleurs, les coiffures laquées, les vestes droites, les DS, les R16, les messes tronquées après la communion pour ne pas rater le passage des cyclistes, les enfants de chœur, les kermesses, les curés braves et les moins braves (qu'on ne dénonçait pas pour autant en composant un numéro vert, parce qu'à 12 ans on savait dire *bas les pattes*). Ce peuple français qui avait traversé toutes les épreuves depuis la Monarchie de juillet dans une homogénéité capable d'assimiler les ouvriers polonais, les poètes et les musiciens juifs, d'enjamber les différences du genre Don Camillo/Peppone, ce peuple qui était arrivé à digérer même la division plus radicale entre Sartre et Céline, traçait désormais une frontière entre citoyens de droite et citoyens de gauche, frontière d'autant plus infranchissable qu'elle devenait invisible.

À l'époque où les partageux ne demandaient que des points de salaire ou de retraite, à l'époque où ils avaient le bon goût de porter un foulard rouge et de chanter l'Internationale, on savait au moins où ils étaient. On savait ce qu'ils pensaient, et surtout comment les éviter. Mais la gauche de François Mitterrand n'a rien à voir avec *Germinal*. C'est une société secrète, un club de psychanalystes sournois. Elle vous regarde et elle dit : « vous là-bas, je sais qui vous êtes, d'ailleurs je le sais mieux que vous, et je vais téléphoner à qui il faut pour que les choses se compliquent pour vous ».

Les gens de droite, un peu partout, dans l'industrie, l'enseignement, dans la pensée auront beau, à partir de 1975, perpétuer l'esprit de famille d'antan puis composer avec les valeurs de gauche au fil des années afin de rester dans le coup, ils seront impitoyablement écartés par les autres, discrédités à leur insu, isolés, calomniés en secret, d'un simple regard, d'une phrase assassine à la télévision, parce que le camp du Bien est le seul habilité désormais à savoir, à laisser entendre, à décréter si vous en faites partie ou non.

Les rouges se mettent au vert

Après la victoire de Giscard d'Estaing aux présidentielles, on assiste à une véritable subversion de l'opinion par les textes, les commentaires, les chansons, les éditoriaux, au profit d'une vérité recommandée, une seule, c'est que la France attend son grand soir. Le peuple le réclame. Ceux qui n'embrassent pas le parti des vainqueurs, qui n'adoptent pas leur esthétique, qui ne flattent pas leurs obsessions égalitaires en tous domaines, l'art lui-même n'y échappant pas, seront regardés comme traîtres par le pouvoir futur.

Ce n'est pas la bourgeoisie elle-même que l'on veut ainsi chasser et détruire puisqu'on en fait partie. C'est sa moitié droite qui se réclame de la tradition, qui a des aïeux dans le Berry et qui n'aime pas Françoise Sagan. La moitié gauche veut absolument sa peau.

Comment le sais-je ? La providence m'aura placé des deux côtés à la fois. La première m'a donné mon éducation. L'autre a voulu la corriger. Pendant la deuxième partie du mandat de Valéry Giscard d'Estaing, par conviction autant que par nécessité, j'ai frappé à la porte d'un journal honni pour avoir été racheté par un homme de droite nommé Robert Hersant, *le Figaro*.

J'ai plu à l'épouse du patron, laquelle était « toujours d'accord », m'a-t-on dit respectueusement, avec le contenu de mes articles. On m'a donc offert un strapontin au balcon derrière un pilier. Là, j'ai fait ce qu'un jeune homme intelligent devait faire pour ne pas être renvoyé à son milieu d'origine : du journalisme. Mais comment faire le journaliste, dans ces années-là, fréquenter les plateaux, voyager, écrire son premier livre, gagner sa vie en somme, sans faire partie de ceux qui ricanent publiquement de la France de papa ?

C'était impossible. Pour survivre dans la presse, il fallait être anti-bourgeois. Je l'ai donc été d'une manière assez ambiguë pour ne pas me montrer ingrat envers ceux qui m'avaient élevé. J'ai critiqué l'égoïsme, l'inculture et la vanité de la France de Giscard, celle des parties de chasse, celle du couronnement de Bokassa, celle des dîners organisés chez les Français de base, celle des éboueurs au petit-déjeuner, celle de la gestion à l'américaine. Mais c'était en somme par fidélité à l'égard des conservateurs qui m'avaient éduqué, et qui détestaient tout cela.

Les vieux professeurs, les militaires, les prêtres.

Oui, je dis bien : les prêtres. Une part importante de ceux qui ont été éduqués chez les prêtres n'a rien à leur reprocher, pas même sur le plan sexuel. J'en faisais partie. Impossible de rejoindre la cohorte des geignards qui disaient avoir subi l'injustice sociale, la discipline, le latin, les « attouchements » (et qui continuent aujourd'hui à porter plainte à soixante-dix ans contre un curé mort depuis longtemps).

Je fréquentais donc ceux qui regardaient avec dédain la société française se précipiter vers l'esbroufe, la démagogie, le juridisme et la dette publique. Mais j'étais obligé de gagner ma vie en territoire ennemi, comme ces philosophes du XVIIIe qui jouaient les précepteurs en songeant que le sort les tirerait un jour de leur obscurité.

Dans le même temps, au Conseil d'État de l'époque, siégeait, comme auditeur, une éminence morale, un incorruptible, un ardent serviteur de l'État, mon ancien professeur, Laurent Fabius, avec ses costumes trois-pièces et son sourire parcimonieux. L'institution à laquelle il appartenait promouvait activement le regroupement familial. C'est-à-dire la faculté pour les ouvriers immigrés de faire venir leur famille en France et d'y toucher des allocations, et accessoirement d'y installer l'islam dans la sphère publique, sur fonds venus de l'étranger. Cette politique aura été imposée au président Giscard d'Estaing, qui était un esprit faible comme le sont tous les snobs, par les technocrates diplômés qui l'entouraient.

Fabius en fut l'apprenti et le successeur. Les fourriers de ce système qui consiste à inviter des gens qui détestent vos usages à venir faire des enfants chez vous, puis à les élever dans le mépris de ce que vous êtes, ces gens ont d'abord voulu donner une leçon à la France de Papa dont ils étaient jaloux.

Pourquoi en étaient-ils jaloux ? Pour n'en être pas issus, un peu comme vous êtes jaloux, à huit ans, d'un enfant qui joue très bien du piano. Parce que vous avez été élevé au lycée Pasteur et non à Sainte-Croix-de-Neuilly et que vous voulez punir ces salauds de cathos en invitant à leur table ceux qui passent, à tort ou à raison, pour leurs pires ennemis historiques.

Il y a aussi une raison plus économique. Francis Bouygues, l'un des grands constructeurs de bâtiments du pays, explique sur un enregistrement de l'époque qu'un ouvrier qui fait venir sa famille auprès de lui est bien plus efficace au travail. C'est donc un précepte à l'américaine qui prévaut. La dérive de notre pays vers une embauche liée à la croissance, sans le moindre égard pour la culture, les usages, l'équilibre psychologique du pays employeur semblait inévitable. Nous ne l'avons pas évitée.

Parallèlement, à la veille de l'avènement de François Mitterrand et du saccage de la France des châteaux, que fait celle du Lycée Pasteur de Neuilly-sur-Seine et celle du *Splendid*? Elle se remplit les poches tout en professant son amour du peuple.

Ce fut la spécialité du fameux Jean-Edern Hallier qui se donnait des airs farouches quand il parlait des matelots exploités, mais qui était capable, dans la phrase suivante, de rappeler qu'il avait épousé la deuxième fortune d'Italie et que la conduite des Ferrari n'avait aucun secret pour lui. On le croisait partout avec son regard clair, ses vestes trop courtes, sa faconde déclamatoire, sa lippe pendante. Il publiait des livres grandiloquents dont les phrases témoignaient d'une familiarité indiscutable avec la lecture des classiques, mais s'interrompait dans la conversation pour raconter une histoire de Toto. La télévision l'invitait souvent. Il faisait le siège des magazines et patrouillait inlassablement le Paris intellectuel à la recherche des nouvelles têtes, car il détestait l'apparition des talents qu'il n'avait ni promus ni découverts.

Le mien relevait de cette catégorie. J'avais publié un roman « remarqué » dont il n'avait pas reçu les épreuves. Il n'en fallait pas plus pour être convoqué à sa table, et chez ceux que mon succès avait mis devant le fait accompli. La table en question était un restaurant situé derrière le Palais de Justice et nommé le *Vert galant*, qui devint l'une des cantines favorites du pouvoir socialiste dans les années 80. L'histoire de cet établissement, et de la dynastie qui possédait l'endroit montre comment la France aura évolué depuis le Général de Gaulle. La famille du propriétaire, originaire d'Aurillac, possédait Ledoyen aux Champs-Élysées, adresse prestigieuse qu'elle n'a pas su garder. Le Paris des profiteurs socialistes s'y est beaucoup réuni sous Giscard en attendant le Grand Soir. Il a profité de la gentillesse de l'héritier, prénommé Bernard, et qui pensait à gauche comme tout le monde, pour organiser des fêtes chez lui sans les payer. Le restaurant des Champs-Élysées a été vendu, et dans les années d'ivresse du socialisme triomphant le *Vert galant*, position de repli, est devenu le rendez-vous de ceux qui avaient quelque chose à promouvoir. Comme j'ai fait partie des promus, j'y ai croisé le meilleur et le pire de la France de l'époque.

Intelligence avec l'ennemi

Le *name-dropping* est le propre des gens qui n'ont rien d'autre à dire et, plutôt que de raconter gratuitement qu'il y avait du beau monde autour de moi, je me contenterai de montrer en quoi ces gens ont confisqué sous mes yeux la plupart des leviers pour échouer le navire.

Deux noms méritent d'être cités : Georges Semprun, issu de la bande d'Yves Montand et qu'on voyait débarquer à l'improviste les soirs d'été pour laisser flamboyer sa chevelure argent sous les projecteurs. Il en sera question à propos d'une initiative grotesque dont il a été l'instrument, l'*Académie universelle des cultures* à laquelle un pendant, une académie concurrente, un modeste conservatoire des valeurs humanistes européennes, est en train d'être imaginé à Paris au moment où j'écris ces lignes.

L'autre nom est celui de Pierre Bergé, le petit père du « Peuple de gauche » dont, à l'exception d'une seule peut-être, les tendances rappelaient déjà fortement celle de Joseph Staline. Bergé fera l'objet de deux mentions ultérieures, l'une à propos de Jean-Edern Hallier et l'autre à propos de la façon dont la maison Saint-Laurent dément, chaque jour, les prétentions de son ex-dirigeant à combattre la persécution des homosexuels.

En tout cas la moindre compromission personnelle avec les convives de ces soirées où l'on croisait des Rothschild et des ministres m'était interdite. Ma position était trop inconfortable pour que je me permette de faire autre chose que de picorer une olive au coin de l'assiette. Jeune auteur fêté par la Gauche pour une audace littéraire qu'elle croyait anti-bourgeoise, j'étais en même temps journaliste au *Figaro* au creux de ces années où le journal prétendait lancer la « Nouvelle droite ». Mon célibat insistant me rendait la proie de toutes les convoitises, mais les miennes, pour rester évasif, ne croisaient pas celles dont j'étais l'objet. En plus, comme toujours, je manquais d'argent et je ne pouvais pas « suivre ». Mais je finissais toutes mes soirées chez Régine parce que Bernard, le propriétaire du *Vert galan*t n'avait pas de voiture.

Mon éditeur, qui voulait m'envoyer à la villa Médicis pour n'avoir pas à m'entretenir pendant dix-huit mois, m'incitait à ne jamais proférer de jugements dans la presse qui puissent compromettre l'obtention d'un prix littéraire. C'était sa grande obsession : une vulgaire obsession de trésorerie. Hélas comme j'écrivais dans un journal de droite et comme les jurés étaient de gauche, l'affaire se présenta, tout de suite, assez mal.

Un romancier nommé Gardel, qui prétendait diriger ma carrière depuis qu'il avait atteint le plafond de la sienne, me sommait de me taire. Son adjoint Roberts me promettait qu'il allait influencer les jurés en ma faveur. Le tout, évidemment, en pure perte. À son exemple, mes contemporains, les autres jeunes espoirs de la littérature, les Besson, les Giudicelli et consorts, pour avoir claironné leur indulgence envers le communisme ou le socialisme, recevaient des prix littéraires des mains de bons gros staliniens décorés à Moscou ou de rombières socialistes qui aidaient la jeunesse à sortir de l'indigence au prix de concessions idéologiques.

En France, les prix littéraires ont été dévoyés comme tout le reste. Ils ne servent qu'à renflouer la trésorerie des cinq ou six maisons assez habiles pour placer leurs jurés, selon le principe qui a fait de la Fédération internationale de football une usine à monnayer des événements. Mais le jeune auteur qui perçoit le produit d'une vente annuelle honorable est hissé à un niveau de revenu et de notoriété qui lui permet de continuer à écrire. De sorte que le prix littéraire à la française est presque devenu, dans une carrière, une étape forcée. Il permet du moins de l'asseoir. Mais hélas il l'assied dans une docilité de principe à l'égard de la pensée recommandée, de l'esthétique obligatoire et des échanges de bons procédés. Docilité que l'on retrouve chez pratiquement tous les auteurs de la période qui a suivi l'avènement de François Mitterrand. On me citera sans doute le cas de Houellebecq qui passe à tort pour une espèce de Céline, mais il ressemble plutôt au chanteur iconoclaste Gainsbourg: un nihiliste pour photographes de mode qui a été promu lui aussi par un réseau identifiable.

Si l'on consent à se souvenir qu'à l'époque où, étudiant, je dînais d'un paquet de biscuits, une fois devenu journaliste, une fois installé dans le rôle de l'éternel finaliste aux prix littéraires, sommé par ma maison d'être plus souple afin de décrocher la timbale pour son compte, les choses n'auront guère changé. Je courais le cachet, ce qui était à la fois fatigant et surtout nuisible à cette carrière solennelle pour laquelle, selon la critique, avec mon grand front et mon regard de poète maudit, j'étais taillé depuis l'enfance. Le Monde écrivait à mon sujet des choses comme : « voilà qui devrait lui valoir, cet automne, ces lauriers qu'il toise de si haut », contribuant ainsi à compromettre leur attribution le plus longtemps possible. D'autres, comme Roberts, qui auront joué les adolescents boudeurs et chevelus jusqu'à 48 ans, continuaient à taper sur un *flipper* au café d'en bas tout en devenant d'implacables ronds-de-cuir. Eux avaient compris leur époque. Tout le paradoxe de la société mitterrandienne des Arts et lettres se retrouve, d'ailleurs, dans ma situation, face à ce frère recommandable, ce Roberts qui n'aimait pas le beau français, mais qui pratiquait la déconne en littérature et la poésie façon Gauloises-filtre. Avec ses grosses lèvres, ses cheveux frisés en couronne, sa figure d'adolescent fatigué, il était invité dans les programmes vedettes à la radio pour dire « ouais, enfin j'crois, enfin chuis pas sûr, mais ch'sais pas trop finalement ».

Moi qui étais pourtant une petite vedette aussi, personne ne me tendait le micro de bon gré, de crainte d'avoir à tolérer une pensée péremptoire, « de droite » en ces temps de terreur sourde où un mauvais invité pouvait vous coûter votre tranche horaire. Roberts et moi, nous aurons donc été les Pierre et Jean de la scène littéraire pendant une année ou deux.

Je m'attribue le rôle de Pierre Roland, le fils loyal dans le roman de Maupassant, parce qu'il choisit de s'exiler comme médecin au long cours sur un transatlantique, pendant que son frère, illégitime, le fils adultérin du boutiquier voisin, occupe le terrain social et flatte ceux qui passent à sa portée. Après tant de protestations d'amitié et de complicité, de *cafés-flipper* au coin de la rue Jacob, Roberts finira par décrocher une adaptation au cinéma à 25 ans pour son livre *Affaires étrangères* et ne m'enverra pas un strapontin pour la première. Louis Gardel, lui-même auteur d'un *Fort Saganne* tourné au Sahara et qui terminait toutes ses lettres par « je t'embrasse », ne m'a pas convié non plus à son cocktail de presse alors qu'il était mon directeur littéraire.

C'est là que j'ai compris que la France de Neuilly-sur-Seine, celle du Lycée Pasteur, celle de Saint-Germain-des-Prés, celle des Gauloises-filtre, des parkas molles et des « j'veux dire » au coin de la rue du Bac, avait non seulement saisi tous les leviers, mais était en train de relever de leurs fonctions la plupart des officiers de la pensée française. François Mitterrand, bientôt élu pour sept ans, tout le monde, tout le paysage intellectuel, allait se tourner vers ce Roi Soleil qui moralement chaussait du 38. Tout le monde, surtout les gens dont j'étais entouré aux Éditions du Seuil et qui formaient le gros de sa garde intellectuelle.

Erik Arnoult dit Orsenna (par dévotion puérile à l'égard de son maître Julien Gracq). Il a écrit les discours à l'Élysée pendant dix ans.

Michel Braudeau qui a tout réussi sauf le principal.

Régis Debray qui aura, lui aussi, son bureau à l'Élysée après avoir obtenu le prix Femina pour un roman opportuniste et qui fera partie d'un jury à la fin de sa carrière, jury qu'il quittera sur un communiqué affligé d'une faute d'orthographe.

Sollers, maoïste péremptoire qui occupait un antre minuscule au fond d'un couloir. Là, tapi comme une araignée dans la fumée des cigarettes qui tissait un cocon autour de lui, il liquéfiait ses proies de l'intérieur. Pendant les vingt années suivantes, il s'acquittera de la même tâche chez Gallimard avec le talent des damnés faustiens qui préfèrent jouir tout de suite puisque l'enfer les attend. Sollers, c'est l'envers du pari pascalien. Il sait qu'il n'y a aucun salut pour lui après, donc il profite de sa position ici et maintenant.

Un rond de serviette chez le Diable

Pourquoi suis-je entré dans l'intimité de ces gens-là ? Je n'ai rien choisi, d'abord j'étais assez en vogue comme jeune écrivain, ensuite le hasard m'a placé à la croisée des chemins qui mènent à Rome sans jamais m'y conduire.

J'interrogeais des vedettes pour le premier journal français. Enfin mon statut de jeune homme cravaté bâti comme un chevreuil m'a valu quelque intérêt d'une autre nature dont il n'est pas question ici, mais qu'on retrouve, abondamment, dans ma littérature.

S'il faut évoquer ce qu'on n'y trouve pas, ce sont ces scènes qui témoignent d'un basculement général, par exemple le jour où la rédaction du *Figaro* m'a envoyé dans un studio *d'Europe 1* pour assister à l'annonce officielle de la candidature de Coluche à la présidence de la République. Il y avait là tous les traîne-savates de la profession, mais surtout un bon quart d'espions dépêchés par les partis politiques qui commençaient à deviner que nous avions changé d'époque. La France du *Splendid*, dont Coluche était un familier depuis le début, donnait le ton dans tous les domaines et transformait une popularité de chansonnier en force d'insurrection. Antoine Colucci, type assez aimable, mais débordé, spécialisé dans les histoires de Belges, utilisait des méthodes de putschiste pour retenir l'attention, et l'on comprenait vite que le prochain président serait obligé de fédérer cette démagogie insurrectionnelle pour devenir l'otage du peuple, ce qu'il a très bien fait.

Le journal m'envoya subir les assiduités d'un certain José Artur, qui recevait tout le monde tous les soirs à la radio nationale, au sommet de la tour de l'ORTF, et qui aimait contrôler ceux qui aspiraient à la renommée. Lié à tous ceux qui faisaient l'événement à Paris dans le luxe, la haute couture, l'argent-roi, futur actionnaire du Fouquet's où il présentait une émission de service public, il recevait aussi les guérilleros, comme ce soir ridicule où un chanteur glapissant, mais encore inconnu, nommé Lavilliers (désormais septuagénaire, riche, couvert d'honneurs et de tatouages), est venu psalmodier un poème révolutionnaire à la gloire des maquis colombiens, le poing levé au micro, tout en regardant d'un œil son interlocuteur et de l'autre le photographe qu'il avait amené.

Si je parle de cet Artur que j'ai suivi pendant six mois, c'est que j'ai vu vivre autour de lui le milieu le plus signifiant de la France de l'époque et que cela se passait souvent aux États-Unis, ce qui est assez normal puisque l'irruption du laisser-faire laisser-aller des années Mitterrand est d'abord l'expression d'une mise en conformité de la société française avec son modèle libéral américain.

La radio nationale française, *France-Inter*, ne cessait d'aller planter ses micros à New York pour réaliser des directs aux frais du contribuable. Frais dans lesquels était inclus le billet d'avion des dix chroniqueurs de la presse écrite dont je faisais partie, et dont on avait toujours besoin pour assurer la publicité de ses opérations. Il est bon d'insister sur le rôle d'agents d'opinion pro-américains qu'auront joué ces gens-là, Pierre Bouteiller, Yves Mourousi, Claude Villers, aux frais de leurs auditeurs pendant vingt ou trente ans. L'une des opérations lointaines à laquelle j'ai été invité comme témoin résume assez bien mon propos. Il s'agissait, au terme d'un concours qui alignait une vingtaine de questions sur le cinéma, et après un tirage au sort, d'envoyer un auditeur, en l'occurrence une lauréate, passer une semaine chez les stars à Hollywood, et nommément chez les acteurs qui parlaient le français, Kirk Douglas, Leslie Caron, Burt Lancaster, Robert Stack et Orson Welles lui-même, qui nous salua dans les studios. L'objet de toutes ces opérations était de vanter inlassablement au micro les mérites de la démocratie américaine où tout était toujours plus grand et plus efficace que chez nous. Une heure par jour, la fascination pour l'Amérique s'invitait grâce à nous chez le moindre auditeur de Châteauroux. C'est de là qu'était venue la lauréate de *Ma semaine chez les stars*. C'est aussi vers Châteauroux qu'elle a voulu repartir après deux jours passés à Los Angeles, car elle ne supportait plus les sarcasmes de la presse française ans dans le *van* que nous avions loué. La naïveté de ses étonnements, le côté convenu des questions qu'elle posait à la vedette du jour devinrent l'objet de fous rires parmi les réalisateurs de l'émission, puis parmi les journalistes parisiens qui l'accompagnaient, de sorte qu'à la fin cette humble fille qui était infirmière décréta qu'elle ne sortirait plus de son hôtel et que la France des initiés, des américanophiles, ne s'amuserait plus à ses dépens en direct sur la chaîne nationale.

L'animateur-vedette de l'émission de *France-Inter* a eu les pires difficultés à boucler son tour de Beverley Hills. Chacun de nous est allé parlementer en vain avec la lauréate. L'opération, écourtée, me permit de comprendre la mécanique de sujétion culturelle dont j'étais le complice involontaire et dont la France fut la victime ignorante : les Américains étaient censés tout faire mieux que nous. Line Renaud donnait de véritables cours d'Amérique pratique aux auditeurs français, sur *Europe 1* en direct de chez les Osmond Brothers. Nos énarques libéraux n'en pouvaient plus à l'idée d'aller planter le drapeau français à Los Angeles, comme on le vit deux fois, d'abord lorsque l'argent de nos impôts est allé boire le bouillon dix ans après lors du rachat de la Metro Goldwyn Meyer par le Crédit Lyonnais, puis lorsque le groupe Canal Plus, une fortune privée réalisée sur un trait de plume de François Mitterrand, a essayé de racheter les studios Universal.

Cette fascination pour l'Amérique est d'autant plus déraisonnable que la plupart des Français qui ont vécu là-bas, et j'en ai fait partie dix ans plus tard, savent le mépris dont la gentry parfumée de Los Angeles nous accablait en privé. Et notamment le financier Kerkorian, qui a réussi le prodige de racheter au rabais à ces « crétins de français » des studios qu'il leur avait vendus cinq fois plus cher dix ans plus tôt.

Que faisais-je donc, encore, dans le circuit hostile de la gauche culturelle française ? J'essayais de surnager malgré une image de droite parce que mon pain en dépendait. La phrase que j'entendais le plus souvent était : « dommage qu'avec le talent que vous avez, vous soyez encore de droite ». Pour résumer l'époque, c'est le temps où les amis les plus cupides de François Mitterrand se mélangeaient au monde américain pour devenir agents de l'empire à Paris dans un esprit libéral-mondialiste qui a permis l'expansion de Mc Donald et des studios Disney, puis de Canal Plus, du groupe

Vivendi, etc. On observera que la plupart des personnages influents de la presse française sont d'anciens correspondants aux États-Unis, ou des gens outrageusement fascinés par nos suzerains atlantiques : Sallebert, Mourousi, Giesbert à moitié américain, tout comme Roberts d'ailleurs, Christine Ockrent qui a toujours affiché sa fierté d'avoir fait des stages dans la presse à Washington, plus tard Anne Sinclair qui avait le même profil, mais aussi Nicolas Sarkozy dont l'ex-belle-mère a épousé un haut personnage de l'administration américaine, qui a passé des étés entiers chez ses demi-frères à Washington, et dont la politique outrageusement favorable à l'OTAN s'explique par conséquent très bien. Il a d'ailleurs tenu à « remercier nos amis américains » dès le premier discours de son triomphe à la Concorde, et dès les cinq premières minutes, hâte que personne n'a relevée. Il y avait aussi Yves Berger, auteur du *Fou d'Amérique* et d'ailleurs fou tout court, qui venait me menacer régulièrement pendant les foires du Livre si je n'entrais pas chez lui, tout en me rappelant que si j'appartenais un jour, par un privilège extraordinaire, à son écurie d'auteurs tous primés, il faudrait que je change d'idées politiques, mais qu'il allait s'en occuper.

Il y avait enfin Philippe Labro, qui dirigeait la principale radio française, et qui faisait carrière sur la thématique éculée « *frenchie en Amérique* ». L'un de ses obligés a essayé de me débaucher pour un club de scénaristes et m'a emmené de force chez René Bonnell, alors patron de la fiction à Canal Plus, une sorte de sage chinois qui régnait sur le Cinéma français, qui avait un bureau immense et qui souriait très peu. En tout cas devant moi il n'y a jamais songé.

L'un des moteurs de l'Histoire a toujours été la confiance trahie et le désir de vengeance qu'elle engendre. Mon introducteur auprès de Bonnell, un demi-solde de l'édition qui était venu me chercher pour m'arracher à ma maison d'origine, est aussi celui qui m'a poursuivi d'une haine névrotique lorsque ses calculs ont échoué. Plus tard titulaire d'une chronique quotidienne sur les nouvelles parutions à la télévision nationale, il s'est arrangé pour ne parler d'aucun de mes trente livres, ce qui à raison d'un livre par jour et sur 30 ans défie tous les calculs de probabilité. Pour l'heure, il ne songeait pas un instant à me transformer en scénariste de Canal Plus, il voulait me faire écrire un livre pour Calmann-Lévy dont il était le directeur littéraire. Tout son art consistait donc à chiper des auteurs à ses concurrents sans leur proposer d'à-valoir. Comme il n'avait pas d'argent à me donner, il comptait me payer en dollars Canal Plus, le genre de monnaie qui ne vaut rien si vous n'avez pas la carte du magasin. Le grand prêtre Bonnell ne m'a pas laissé entrer dans son *American express* personnel. Trop droitier, trop *Figaro*, je n'ai pas écrit de films pour le secteur fiction de sa maison tentaculaire, et je n'ai pas signé non plus pour Calmann. Mon introducteur ne m'a jamais pardonné cette opération ratée qu'il avait montée au bénéfice de sa propre ambition. D'autant moins que j'ai proposé immédiatement à Robert Laffont de publier un *Éloge de l'Âge*, qu'il m'a payé un juste prix et qui, par bonheur, fut un succès.

Jean Baudrillard m'en a dit publiquement de grands compliments à la télévision, pendant l'émission-vedette du moment qui s'appelait *Apostrophes*. À l'époque, cela valait toutes les recommandations. Ce philosophe sociologue était du bon côté de l'opinion. Il était même tellement prescripteur que les journalistes frétillaient dans son sillage en disant : « Jean ceci, Jean cela ». Il y avait un équivalent à droite, Jean d'Ormesson, qui se promenait avec ses manuscrits sous le bras dans les cocktails. Les femmes l'appelaient Jean aussi. C'était le début de la France des prénoms si justement décrite par Renaud Camus. Louis Gardel ne parlait que de « Catherine » pour désigner la Deneuve.

Le promeneur du Parc Monceau

L'approbation de Baudrillard sur un plateau célèbre m'a valu d'être bien vendu pour une fois, ce qui présentait l'avantage d'en pouvoir vivre. À condition, évidemment, de résister à la tentation du luxe, mais de ce côté-là, j'étais à l'abri. Je circulais dans une 403 grise avec un plateau en bois. Frugal, craintif, j'avais eu trop de mal à payer mon loyer près du parc Monceau pendant des années pour ne pas rester prudent. L'après-midi je bavardais avec Modiano dans les allées du Parc. Lui aussi était craintif, mais d'une autre manière que j'aimais. Contrairement à la plupart de nos contemporains, son imagination n'était pas linéaire, en deux dimensions. Elle en incluait toujours une troisième, celle du temps et de la mémoire, qui donne aux gens leur volume et leur épaisseur. Il avait apparemment de grandes affaires privées du côté du Boulevard Malesherbes. Bien que sa parole soit embarrassée même sans témoin, il montrait une propension délicieuse à vous approuver toujours, avec de longs mouvements de tête qui accentuaient son humilité, et il vous disait qu'il vous enviait d'écrire aussi bien, de dire des choses aussi justes, de piloter des avions de voltige, de connaître l'entourage des maréchaux de France et de sauter en parachute. Il vous parlait de Kessel, il aurait aimé, lui aussi, etc.

Et surtout il m'enviait de fréquenter de si près la société des gens qui ont lu, qui ont connu Louis Jouvet, qui montent à cheval au champ de Mars, société pour laquelle il avait une admiration proustienne, ce qui me changeait parce que partout je n'en recueillais que mépris. C'est peut-être d'ailleurs à cause de lui que j'eus la réputation d'en faire partie.

En vérité j'étais surtout l'hôte des grandes familles, le jeune homme qu'on invite pour les vacances de Pâques et qui se plie aux usages d'un monde qui n'a jamais été le sien. Modiano sentait très bien ce genre de choses. Cette situation était celle de la plupart de ses héros. On voyait toujours dans ses romans un jeune Juif reçu chez un type de la Milice ou fréquentant des gens qui l'auraient détesté « s'ils avaient su ».

Dans les salles de projection et les cocktails de presse où je passais mes après-midis afin de livrer au *Figaro* une chronique quotidienne, je traînais trois boulets parallèles : mon appartenance au monde d'avant, ma collaboration à un journal réactionnaire, et ma trahison au profit de l'édition commerciale.

Compromis avec le monde des militaires et des ecclésiastiques d'avant Giscard, celui que je décrivais dans mes romans, je suscitais, chez les plus modernes des amateurs de littérature, la même phrase tendre et navrée : « Dommage qu'avec toutes ses dispositions… ».

Oui, dommage que je n'aie pas l'opportunisme, la rouerie de déployer les mêmes phrases raffinées autour de thématiques porteuses comme le tiers-monde face aux compagnies pétrolières, dommage que je ne raconte pas la poésie cruelle des *barrios*, la laideur des mines d'or africaines, que je ne me prenne pas pour Hemingway, que je ne décrive pas la vie d'une fille maltraitée par son père ou son patron qui finit le poing levé dans les Abruzzes. Dommage que je n'aie pas eu de grand-père juif qui ait traversé quatre frontières en 1930 avant de devenir couturier à Paris ou diamantaire à New York. Dommage que l'action de mes livres ne se déroule jamais en Arizona ou au Mexique. Dommage que mes héros hésitent à devenir militaires ou prêtres au fond du Loir-et-Cher. La gauche humaniste et internationale était devenue le genre littéraire dominant, écrasant, et tous les relais d'influence fonctionnaient dans la presse française à son seul bénéfice.

Mais le troisième crime que j'avais commis était donc d'avoir vendu, par une nécessité économique plutôt compréhensible puisque je n'avais aucune fortune familiale, mon livre le plus « public » à un éditeur commercial, Robert Laffont, lequel était honni pour ses méthodes alors que tout le monde, vertueux compris, cherchait à les imiter. Les éditions du Seuil rassemblaient nombre d'intellectuels qui détestaient la littérature commerciale, mais elles multipliaient les tentatives pour faire comme les autres, allant jusqu'à demander aux jeunes auteurs d'assurer leur trésorerie en publiant, sous un faux nom, des romans policiers pour renflouer leurs comptes.

Non seulement les maisons qui formaient l'officialité des lettres françaises, Gallimard, Grasset, Le Seuil, proposaient de pistonner votre dossier à la Villa Médicis et vous garantissaient un prix littéraire tout en imitant plus ou moins leurs rivales commerciales, mais elles n'empêchaient pas les gens proches du pouvoir, même les membres du cabinet de Mitterrand, même les énarques appâtés par de gros tirages, de publier leurs livres chez les faiseurs d'argent. Robert Laffont s'était fait une spécialité de pratiquer l'ouverture pour ménager ses bonnes relations avec l'*establishment* littéraire français et surtout la Presse. Les jeunes auteurs de cette maison réputée de droite dont j'ai fait partie, déjà en exil à moins de trente ans, honnis dans les dîners, maltraités sur les plateaux de télé (comme fascistes, rien de moins), ignorés par la presse du jour au lendemain, ont vu arriver toute une famille de nouvelles recrues venues des rangs mêmes des nouveaux maîtres du pays, et que leur éditeur commercial a choyés avant les autres, parce qu'ils permettaient d'obtenir de bonnes critiques dans *le Nouvel Observateur*.

C'est là que nous retrouvons à l'œuvre la France du Lycée Pasteur de Neuilly, ce curieux amalgame de talents démagogues, de morale socialiste (copains avec le Tiers Monde contre les conservateurs racistes) et d'ambitions matérielles (copains, mais dans l'abondance, les sicav, le délit d'initié, le bon plan) : pendant les années où je publiais chez Robert Laffont des livres qui essayaient de résister à l'air du temps au nom de l'humanisme et de la raison, Ségolène Royal, de son côté, faisait scrupuleusement le contraire, chez le même éditeur, et mobilisait toutes les ressources de ce qu'on appelle la *com*' à son seul bénéfice. Imaginez que vous publiiez un livre pétri de sagesse et de stoïcisme sur le drame intime et silencieux de la vieillesse. Il s'appellerait *Éloge de l'âge*. Vous y rappelez que les vieux ne doivent pas renoncer à réfléchir, ni à ralentir leurs gestes, vous évoquez le cas des vieux Japonais qui sont dans une sorte d'abstraction permanente du réel, et vous dites que l'Occident prend sa vieillesse à la légère et même Jean Baudrillard vous trouve du talent. Et voilà qu'une attachée de cabinet de trente ans, Ségolène Royal, sanglée comme une paupiette dans un tailleur turquoise, vient pérorer devant vous, chez votre propre éditeur, sous le titre *Le printemps des Grands-parents*, où elle dit exactement le contraire. Elle publiera trois ans plus tard un livre au titre encore plus digne et pas du tout racoleur : *Le ras-le-bol des bébés zappeurs*, qui bénéficiera de l'extraordinaire machine de promotion que constitue l'alliance entre la presse féminine et le socialisme snob. Le message est toujours le même : il va dans le sens de ce que la foule doit souhaiter. Les vieux sont formidables quand ils plaquent tout pour aller galoper dans les sous-bois. Leurs petits-enfants sont formidables quand ils inventent leur propre rapport au savoir au mépris de l'éducation traditionnelle. Tout le monde est formidable à condition de s'écarter des règles qui ont régi le monde d'avant.

Dans le cas de Ségolène Royal et de François Hollande, les Bonnie and Clyde du socialisme institutionnel, on peut dire que la perversion au sens psychiatrique, le mépris des préceptes antérieurs sont une spécialité : non seulement ils font quatre enfants hors mariage mais ils participent de cette entreprise générale, nationale, d'aplatissement des valeurs au point de camper sous le réacteur nucléaire de la déconstruction : le palais de l'Élysée lui-même.

Littéralement irradiés par la sottise ambiante, à l'exemple de leur classe d'âge et de leur catégorie sociale, ils entrent dans un schéma psychologique assez connu, celui de l'auto-justification permanente liée à un défaut de reconnaissance personnelle subi dans l'enfance. Pour commencer, on peut observer que cette génération a connu un tel traumatisme dans ses rapports au père que la figure présidentielle hautaine et paternelle de François Mitterrand (hauteur largement due au fait qu'il se savait mourant), a été en quelque sorte dénaturée, rendue plus acceptable par le sobriquet de *Tonton*. Le tonton, l'oncle dans les familles, est celui qui a l'apparence d'un père tout en ne voulant pas exercer ses prérogatives et notamment l'autorité, la discipline. Le tonton est celui qui interfère auprès du père pour atténuer sa rigueur.

La plupart des gens qui ont exercé le pouvoir ou qui y ont prétendu, dans les années où la dette de la France a été multipliée par vingt ou trente, auront été victimes d'un rapport au père de cette nature. Le fait de dilapider l'héritage est déjà la forme de vengeance la plus commune contre l'image du père. Dieu sait qu'ils l'auront tous fait, droite et gauche, dans tous les domaines.

Ensuite on est stupéfait de voir à quel point les pères des gouvernants après Giscard d'Estaing se ressemblent. Celui de Ségolène Royal était militaire et brutal, imprévisible puis divorcé et absent, celui de Hollande d'extrême droite, puis imprévisible, divorcé puis absent, celui de Nicolas Sarkozy fantasque, artiste, imprévisible, divorcé, absent, celui de Manuel Valls, idem.

En 1987 Ségolène Royal gravit le perron de l'Élysée tous les matins ses dossiers dans les bras pour assouvir sa soif d'avoir raison contre ceux qui croient détenir la vérité. Elle pense évidemment à son père, mais c'est un mauvais calcul. Car la vérité, ceux de la génération précédente savent souvent où elle campe non pour l'avoir inventée, mais pour l'avoir entendue de leurs propres pères. Du coup la pauvre Mme Royal, comme ses contemporains, est souvent obligée d'aller planter sa tente du côté du mensonge. Elle s'installe hors mariage, mais avec enfants dans la vie d'un auditeur à la Cour des comptes. Ce François Hollande qui se trouve dans une position voisine vis-à-vis de son propre père est une sorte de Paul

Deschanel (Président français qui a démissionné après être tombé d'un train en 1929, et qui avait fait comme lui de bonnes études pour en remontrer à son père tout en jouissant d'une réputation de plaisantin sur les bancs de l'Assemblée).

Pour s'épargner le soupçon d'accabler le seul camp socialiste, il est permis d'aller faire un tour en face. Mais en face, c'est à côté. Droite ou gauche, la plupart des politiques de cette génération n'incarnent plus l'autorité puisqu'ils l'ont défiée par la dérision, puisqu'ils s'excusent d'en endosser les oripeaux. La loi de transmission de l'autorité chez les mâles, c'est la rivalité, c'est l'affrontement, c'est la force. Mais la France du Lycée Pasteur de Neuilly, celle des *Bronzés*, celle des bons plans entre copains, ne connaît plus qu'une seule façon de faire mordre la poussière à son rival, c'est le ricanement, c'est le croche-pied. Il n'y a donc plus qu'une seule droite acceptable, celle qui sait rire d'elle-même quand on la fait trébucher en public – en somme celle qui est de gauche. Sur un plateau de télévision, une fille de 25 ans demande à Jean d'Ormesson, éditorialiste du *Figaro*, de lui donner l'une de ses chaussettes. Le bonhomme s'exécute, sous les yeux de la France stupéfaite, avec un sourire du genre : « ça fait même pas mal ». Jacques Chirac, pour accéder au pouvoir un peu plus tard a été rhabillé au sens propre, notamment par sa fille ; et au figuré, il a été repeint aux couleurs de l'adversaire. C'est à ce seul prix qu'il est devenu légitime. Il incarne la droite sympa, celle qui a l'esprit faible, celle qui feint de croire que la France est restée un village à la Don Camillo, et il se voit assez dans le rôle du curé vitupérant qui a le cœur sur la main, qui n'en veut à personne, et qui croit qu'en partageant un verre de rouge avec les communistes, il va sauver l'unité de la Nation.

Même chez les vrais autoritaires, qu'on pourrait appeler plutôt caractériels, l'affrontement avec le Père n'aura jamais eu lieu puisque la société n'est plus celle de *padre padrone*. Le Père n'est plus imposant, il est inexistant.

Le parallèle entre les futurs Sarkozy et Manuel Valls, 35 ans et 25, est saisissant : tous deux ont un père artiste, fantasque, absent, marié à une femme plus stable et plus riche. Tous deux essaient d'incarner le principe masculin dominant qu'ils n'ont guère connu. Ils deviennent revêches et agités, mais surtout ils ont très bien compris que pour se donner l'apparence de celui qui sait se gouverner lui-même, il faut essayer de gouverner les autres. Il n'y a plus qu'une seule façon d'y parvenir, c'est de plaire, de se disperser et non de se recueillir. D'où l'importance ridicule, chez ces deux personnages, de la Communication. Il s'agit d'inonder l'opinion du témoignage de ses propres mérites, de trouver les réseaux pour le faire, et de décrocher les financements qui le permettent en rejetant la compétence et le jugement, la densité personnelle, le sens profond des êtres et des choses, enfin tout ce qui forme la vie d'un homme digne de ce nom, au second plan. Sarkozy et Manuel Valls sont les produits de cette société de l'accessoire devenu essentiel qui a engendré la cote hebdomadaire dans les magazines (« qui est au *top* et qui fait un *flop* »), les sondages préemballés (« diriez-vous plutôt que ou que… »), le vide moral. Ce grand Rien qui permet de plaire au plus grand nombre se résume assez bien : faisons ce que les Américains nous réclament, imitons-les toujours plus loin dans la prospérité, la technologie, le déficit budgétaire, la Gay pride et la Saint-Valentin, l'ignorance du passé et du futur, la vérité de l'instant et les sincérités successives.

Le Figaro en jeans

Le Figaro, qui reste à tant d'égards un lieu symptomatique de l'évolution de la France, traduit cette dérive. Le grand journal historique français, d'abord détenu par un méchant homme de droite entouré de penseurs, tourne casaque pendant les années Mitterrand pour conserver ses subventions et ses réseaux sur la pression de ses actionnaires. L'une des plumes de la gauche, Franz-Olivier Giesbert, Franco-américain et détenteur de parts d'un journal normand héritées de sa mère, vend son âme au camp d'en face puisque, selon lui, n'y a plus qu'un seul camp, celui du libéralisme mondial qui est d'accord sur tout. Il décrète qu'il n'y a plus d'adversaires idéologiques, que c'est fini tout ça, et son exemple le prouve : pendant quarante ans on le voit partout, il est de tous les plateaux, en littérature comme en politique. Le creuset de la pensée en France est situé entre les deux. Il finira par l'illustrer en réunissant une fois par semaine trois écrivains, deux journalistes, et deux ministres et un chanteur, conviés à s'approuver les uns les autres en hochant la tête. Quel que soit le support, magazine, journaux, chaînes privées, on peut vraiment dire qu'au cours des années 90 l'affrontement idéologique cède la place au seul commerce, à l'actionnariat, lequel s'entend sur l'essentiel :

vendre à tout le monde, se faire acheter pour mieux vendre, et donc n'épouser les idées de personne, sans quoi on ne peut plus vendre à ses adversaires.

Pour cette raison *Le Figaro*, naguère porte-parole de ce qu'on appelait la Nouvelle Droite, se sépare peu à peu de ses collaborateurs qui prétendent avoir des opinions et se met à embaucher ceux qui n'en ont aucune, tout en affectant d'en garder une ou deux. Ce sont eux qui disent que « c'est fini tout ça », qui rédigent des publireportages et qui essaient de faire honte à ceux qui lisent encore Céline, Barrès Mauriac et Péguy. Ou alors, s'ils le font eux-mêmes, c'est pour *revisiter*.

Le couronnement de l'ère Giesbert interviendra au milieu des années 90 et personne n'en a commenté, en France, le symptôme principal. L'actionnariat majoritaire du journal a été détenu en 99 à 40 % par le *Carlyle Group*, fonds d'investissement américain lié à la Défense, ce qui permet à l'époque d'informer l'opinion française sur les merveilles que réalise l'Amérique en Irak et la nécessité de se rapprocher de l'OTAN.

Pendant dix ans, soit jusqu'au débarquement des Américains en Irak, la presse française se transforme en tiroir-caisse et en *pom-pom-girl*. Elle est là pour toucher des subventions, percevoir des recettes publicitaires, et faire semblant de se disputer sur les plateaux de télévision alors qu'elle s'entend sur l'essentiel. Et l'essentiel est de devenir le cheval de Troie du libéralisme économique, celui qui adore tantôt Reagan et tantôt Clinton, celui qui veut votre bien, qui téléphone à Bruxelles pour savoir ce qu'il faut penser, et qui se dit de gauche parce que, pour faire du commerce, c'est plus commode.

Qu'il me soit permis d'adopter la technique du *clip* vidéo pour illustrer, en accéléré, ce glissement général vers la sujétion économique, l'insouciance budgétaire, l'esthétique mondialiste obligatoire, l'insignifiance commerciale. Cette accélération justifie un *morphing* rapide. Tout s'est enchaîné sans bouleversement, sans coups d'éclat, nous sommes passés d'un système à un autre en douceur. On y voit par exemple un journal comme *Libération* titrer : « des vélos pas d'autos » en 1978, puis dix ans après proposer à ses lecteurs un spécial Salon de l'auto, avec le même graphisme épais en première page. On y voit aussi tout un système marchand niveler les anciennes élites en les obligeant à passer sous les fourches caudines du sujet-magazine. J'en veux pour exemple cette double page dans une feuille pour dames nommée *Jardin des Modes*, qui réunissait une douzaine d'auteurs masculins du moment réputés de droite conviés dans un studio près de Montmartre, pour vanter les mérites du nœud papillon et des chemises à rayures. Il y avait là de tous les âges et des auteurs réputés bourgeois, Félicien Marceau, Jean Dutourd, Jean-Marie Rouart, Jacques Laurent, Gonzague Saint-Bris, Renaud Camus et moi-même mélangés, trempés dans un bouillon d'insignifiance, délavés sous l'objectif d'un photographe qui glapissait : « oui c'est bon ça coco » sur fond noir entre trois déflecteurs. Dans les loges le regard de Félicien Marceau torse nu (les couturiers n'avaient même pas prévu de nous faire cadeau des chemises et des cravates) m'a fait comprendre que les temps devenaient difficiles pour la pensée française.

L'intelligence porte à gauche

À l'arrivée au pouvoir de François Mitterrand, la plupart de ses soutiens affectaient de mépriser le luxe des possédants, qu'ils disaient assis sur l'exploitation d'autrui.

Dix ans plus tard, ils en étaient devenus les principaux soutiens et clients. Comment puis-je l'affirmer ? Pour m'être trouvé au milieu d'eux à Los Angeles, Miami, Johannesburg, Hong Kong, Sydney lors de reportages qui n'en étaient pas, et qui réunissaient dix fois par an les journalistes les plus blasés, les plus pistonnés, les plus jouisseurs de la presse française. Pour quelle raison, moi qui étais si pur, si incorruptible, si conservateur, si mal en cour et de surcroît presque plus journaliste puisqu'installé à la campagne comme écrivain, me suis-je retrouvé parmi eux ? Le responsable de la page *Voyages* du plus grand journal français avait quelque indulgence pour ma plume. J'étais libre et je parlais l'anglais. Les invitations pleuvaient donc sur mon bureau. *Le Figaro* était un organe prescripteur dont le lectorat dépensait volontiers. Cependant on voyait bien que, chez les tour-opérateurs, c'était à contrecœur qu'on courtisait cette clientèle-là tant on avait d'amitié pour les pauvres et les révolutionnaires.

On le voyait notamment sur place, sous les cocotiers, le long des avenues de Las Vegas ou de Sydney, où les trois quarts des participants venus des magazines de gauche exportaient les querelles françaises en vous traitant de réactionnaire quand vous mettiez une cravate pour aller dîner. La plupart ne parlaient pas l'anglais, ne connaissaient pas les usages à table, et se promenaient sous les lambris des grands hôtels en *jeans* en roulant de l'herbe achetée au marché. Ils parlaient de leur épicier du XIe en voyant les enfants vendre des fruits dans les rues. Pendant dix ans, vivant de mes livres et de quelques traductions, installé à dans un village du Sud, j'aurai donc gardé un pied parmi les profiteurs de la gauche ordinaire en voyageant avec elle d'inaugurations de palace en présentations de parfums. Un voyage les résume tous, une dizaine de jours en Côte d'Ivoire où l'attachée de presse, une cinglée divorcée trois fois qui mélangeait son carnet d'adresses privé à celui de ses clients, promenait douze personnes parmi lesquelles le fils drogué d'un acteur célèbre, une comédienne de boulevard qui préparait un film sur l'Afrique, le rédacteur en chef d'un magazine de voyages, le propriétaire d'une collection de guides, la nièce d'un ancien ministre, etc. dans la jungle, la poussière et l'absurdité administrative à l'africaine. On pourrait croire, et j'ai d'abord cru que le premier journal français serait à jamais le temple du chic et de la hauteur de vues. Mais par une faiblesse d'esprit très commune, les jeunes collaborateurs de ce journal lui-même finirent par adopter l'uniforme de leur génération et par dire *putain bordel fait chier* comme les autres, palaces ou non.

C'est souvent dans les petites choses que l'on trouve l'écho des grandes, et la tenue vestimentaire des chefs de rubrique au *Figaro* de 1985 à 1995 désigne l'évolution de la « bonne société » vers l'imitation délirante de son ennemi de classe. Parmi la jeune garde de la pensée dont Giesbert s'est entouré à la mort de Louis Pauwels, on a vu apparaître des gauchistes amendés de trente ans, des homosexuels honteux et mariés qui fréquentaient les backrooms, qui portaient une veste de jeans été comme hiver, qui péroraient sur Tocqueville, et des écrivains chrétiens à particule habillés d'un vieux pull qui se moquaient de la messe en latin et affectaient le christianisme social pour mieux se taper des étudiantes à la sortie des conférences d'Alain Peyrefitte. Pendant une dizaine d'années, *le Figaro* aura fait cohabiter deux mondes, celui d'avant, celui de Jacques Faizant et de James de Coquet, et celui des intellectuels indulgents à l'égard de la gauche qui dînaient toutes les semaines avec les plumes de Mitterrand et qui empruntaient l'avion de Tonton pour l'accompagner en Chine.

L'édition est le territoire où ce mélange était le plus nécessaire puisque les éditeurs de gauche avaient besoin du support des grands journaux pour assurer la publicité de leur catalogue. Le plus grand d'entre eux, *le Figaro*, était donc l'objet de toutes les attentions, et la moitié des écrivains qui collaboraient à ce journal historique dirigeaient une collection vaguement trotskyste à Saint-Germain-des-Prés tout en s'excusant dans les dîners d'être réputés conservateurs, ce qui leur permettait d'être encensés par *le nouvel Observateur* quand ils écrivaient un livre eux-mêmes.

Peu avant la mort de François Mitterrand, chaque année, la Fête du Livre du *Figaro Magazine* réunissait ces deux mondes, *jeans-santiags* et costume-cravate. Celui qui intimidait l'autre et celui qui s'excusait d'exister. Le tout sous les ors de quelque prestigieux bâtiment parisien. L'année 91, ce fut le palais Garnier. Cette journée marqua l'apogée, le triomphe d'un système de remplacement des élites de droite par leur version transfigurée, adoubée, sanctifiée par l'allégeance à François Mitterrand. Dix ans plus tôt (j'avais 25 ans), on me dépêchait comme je l'ai dit des journalistes pour m'interroger sur le thème : « comment peut-on encore écrire des livres talentueux, mais réactionnaires, votre goût pour la vieille France, celle de Giraudoux, est amusant, mais suicidaire, rejoignez-nous ne faites pas l'idiot ! ». L'auteur du pire article de ce genre, qui avait titré son entretien : *Le jeune homme qui ne rit pas dans les cimetières*, afin de montrer que mon humanité était vouée à rejoindre les momies, s'appelait Pierre Combescot.

À la fin de l'année 1991, après avoir composé une pochade historique, il obtient le prix Goncourt, on ne peut pas même dire à sa grande surprise puisque tout le monde le savait depuis trois semaines. L'ordre alphabétique m'inflige son triomphe lors de la journée de dédicaces du *Figaro*. Pendant quatre heures le grand escalier de l'Opéra vomit à nos pieds une foule de gens venus acheter le prix de l'année, souvent pour l'offrir sans l'avoir lu, ce qui désigne non seulement la folie consumériste qui s'est abattue sur la littérature française à cette époque, mais la raison pour laquelle les prix littéraires sont devenus impopulaires dans ces années-là. Au fil des saisons, par commodité, pour renflouer la trésorerie d'une maison plutôt que d'une autre, on a pris l'habitude de dissocier la qualité d'un livre du sort commercial qu'il devait connaître, ce qui a permis de vendre sous le bandeau Renaudot ou Goncourt pratiquement tout ce qu'on voulait, mais que les lecteurs libres n'auraient jamais choisi de leur propre chef si quelqu'un ne leur avait dit avec insistance : « nous avons beaucoup aimé ». Peu à peu, au milieu de ces années-là, une fois les différents prix attribués aux amis du Pouvoir puis à leurs maisons d'édition, les lecteurs ont fini par conclure que les livres primés, conseillés, imposés par les médias, étaient illisibles, ennuyeux, intellectuels, décevants malgré toutes les campagnes orchestrées. La désaffection générale a si bien remis en cause le choix des jurés qu'ils ont dû réagir pour ne pas tuer leur entreprise. Ils se sont donc adaptés en hâte au goût du marché qui penchait pour les feuilletons, les policiers, les tranches de vie d'après faits divers. Les livres primés se sont mieux vendus, mais n'ont, rapidement, entretenu avec la littérature qu'un rapport lointain, puis quasiment aucun.

L'un de ceux qui ont sonné le tocsin se nommait Jean-Edern Hallier. C'était un homme de goût, talentueux comme ces pianistes qui ne lisent jamais une partition et qui rendent jaloux les déchiffreurs laborieux. Il traitait avec dédain les livres qu'on lui recommandait et les jetait derrière lui sur les plateaux de télévision. Il publiait, au début des années 90, un journal polémique, *l'Idiot international*, qui était une pétaudière inquiétante de talents venus de la gauche ou qui l'avaient reniée. Ses chroniqueurs commençaient à sentir que la France du lycée Pasteur, celle de Mitterrand, celle de Canal Plus, dégageait une odeur de faisandé un peu trop prononcée.

Dans son numéro 61, en 1991, Hallier commet ce qui peut passer pour une imprudence épouvantable, il titre : « Bergé l'éventreur » et accuse le président de la maison Saint-Laurent d'avoir fait tuer le pasteur Doucé, un activiste homosexuel à tendances pédophiles qui s'apprêtait à parler de ses réseaux. Il avait reçu la visite d'agents des renseignements généraux trois mois avant, lesquels ont été arrêtés pendant l'effraction par des policiers locaux qui ignoraient tout de ces manigances. Dans les dîners parisiens, au *Vert galant*, à la table de Georges Semprun et d'Yves Montand, tout le monde s'écrie aussitôt : « de toute façon ce Hallier est fou, ingouvernable, un véritable mythomane, etc. » Raison de plus, auront pensé les esprits logiques, pour le clouer au pilori une bonne fois. Une accusation d'assassinat en première page, rien de plus commode pour l'attaquer en diffamation. Or curieusement personne n'y a songé. Bergé encore moins que les autres.

Mais l'aspect politique et mondain de la question n'est pas mon objet. Il est plutôt que mes rapports avec Jean-Edern Hallier sont restés littéraires et précautionneux. Comme tous les manipulateurs, les hypnotiseurs, les illusionnistes, il repérait immédiatement celui sur qui ça n'allait pas marcher.

Je l'ai connu pour la première fois chez des amis quand j'avais vingt ans. Dans son cartable, il y avait l'un de ses romans, nommé *Le Grand Écrivain*, qu'il m'a offert avec la dédicace : « futur grand écrivain je le présume ». Il y a, dans cette présomption spontanée, agressive, séduisante, un résumé de son caractère et la clé de la façon dont il analysait celui des autres. Personnage assez effrayant par son côté abîmé, par son œil mort, ses doigts jaunes de nicotine, sa lippe inférieure perpétuellement ouverte, sa présomption devant les femmes, sa façon de réécrire sa propre histoire selon l'auditoire, il appartenait sans aucun doute à la catégorie des pervers narcissiques, qui n'ont jamais tort, que personne ne comprend, et qui veulent absolument vous joindre à leurs plaisirs pour trouver le moyen de vous faire trébucher. Devant moi qui avais quelque expérience en tant que portraitiste et ancien élève des Beaux-Arts, il prétendait toujours savoir dessiner ce qui était absurde, non seulement parce qu'il ne savait pas, mais parce qu'il était à moitié aveugle et couvrait les murs de feuilles volantes où des visages maladroits et des filles aux cuisses ouvertes étaient griffonnés, hâtivement, au stylo-feutre bleu roi. Il vous parlait de son Titien devant la fenêtre de son appartement de la place des Vosges, un tableau sombre et minuscule qui avait l'air sorti d'un vide-grenier en Vallée d'Aoste. À table, il lui arrivait de se pencher vers son voisin, un magistrat noir et mystérieux qui serrait les épaules en s'agitant sur sa branche comme un corbeau, pour lui dire en désignant un convive du menton : « celui-là a l'air de savoir de quoi il retourne, il vaut mieux ne rien dire de plus » et, dans ces moments-là, entre deux plaisanteries, deux blagues belges, deux cigarettes dont il ne fumait qu'un quart et deux vodkas qu'il buvait entièrement, Hallier révélait une intelligence froide et constante comme celle du chef de meute à l'instant où il repère le dominant dans le camp d'en face.

C'est un honneur que d'avoir été invité à sa table pour y mériter ce regard-là. Pourquoi n'a-t-il pas compris dès la première fois et pourquoi m'a-t-il réinvité ? Eh bien parce qu'il était flatté lui-même par mon admiration pour ce qu'il avait de meilleur. Son besoin de grandeur me plaisait, je déplorais seulement qu'il lui obéisse aussi peu. Il m'interrogeait souvent sur la solitude à laquelle je consentais en vivant à la campagne, tout en la comparant, sans cesse, aux rares périodes de retraite qu'il avait connues, toujours dans un château quelconque ou une abbaye prêtés par un grand nom de France. Je représentais à ses yeux une patience obscure à laquelle il avait renoncé pour chercher et rencontrer une renommée immédiate, et il semblait toujours essayer de vous convaincre que dans une époque superficielle, la profondeur était le meilleur moyen de passer à côté de sa vie, mais c'est justement pour s'y être refusé qu'il est passé loin de la sienne.

En 1996 dans un article intitulé « Mitterrand et l'amour des écrivains », publié dans *le Figaro Magazine* quelques jours après la mort du président, je rendais hommage, en songeant notamment à Hallier, à cette partie des intellectuels français qui n'auront jamais aimé ce président menteur, sournois et cruel. Le texte avait été composé plusieurs semaines avant, mais j'avais l'air de cracher sur son cercueil, ce que ses amis, soutiens et obligés m'ont pardonné encore moins, et parmi eux les journalistes du *Figaro Magazine* qui, après avoir publié ce texte, ont juré leurs grands dieux, dans tout Paris, qu'on leur avait imposé ma prose indésirable. L'inspirateur était probablement un ancien ministre gaulliste, Alain Peyrefitte, lequel essayait d'affermir ma position parmi les éditorialistes du journal.

Impair et manque

Cette fois les choses se sont gâtées pour moi. Dans un pays où règne le totalitarisme d'une pensée convenue par décret et relayée sans fin par une presse subventionnée, il est difficile de gagner sa vie en gardant une indépendance. J'eus donc un peu de mal à trouver un salaire. À quoi on objectera que ce n'est sûrement pas si vrai que ça puisque j'étais édité par une riche maison, certes honnie par les officiels de la pensée, et réputée de droite, mais qui m'avait arraché dix ans plus tôt à mon sort de jeune homme sans argent, pour faire de moi une « bonne vente ». En outre nous vivions désormais sous le règne de Jacques Chirac, qui passait pour un héritier de la France d'*avant*, celle des baronnes et des kermesses de M. le curé. On pouvait espérer que l'intelligence française, malmenée par les tartufferies et les démissions successives, allait retrouver sa vigueur.

En vérité elle a perdu, en quatorze ans, celle qui lui restait. À la fin de cette période de démission systématique, de collaboration avec l'ennemi, de délire immigrationniste, de gaspillage budgétaire, de mondialisme culturel, Jean-Edern Hallier a été soustrait à la vie parisienne, à la vie tout court, avant qu'il n'aille écorner davantage l'image de Mitterrand après l'enterrement, et ne compromette, par ses révélations, les positions acquises. Chirac, otage de ses maîtres, c'est-à-dire ses banquiers, sa fille, ses réseaux de gauche, les a maintenues. Il a coiffé les oreilles de Mickey lors de l'inauguration de Disneyland et il est devenu le jouet de toutes les forces dites de progrès.

Pour le peu que j'aie eu affaire à son entourage, il s'est aussitôt méfié de ceux qui risquaient de le rappeler aux exigences de son camp historique. Il a préféré l'autre. Comment le sais-je? Ai-je eu mes entrées à l'Hôtel de Ville, puis à l'Élysée, ai-je été accrédité? Non, à part les soirées de ses filles place de l'Hôtel de Ville, où les gardes républicains voyaient passer la jeunesse dorée la plus insupportable de la terre déguisée en *punk* et où j'étais convié parce que je connaissais des aristocrates, il se trouve plutôt que mon éditeur Robert Laffont, sorte de Hugh Hefner aux tempes grises, victime d'un triple pontage, entretenait une amitié avec un échotier local monté à Paris qui écrivait dans *Match* et qui papotait sur tous les sujets, du Paris-Dakar au camembert pasteurisé, en regardant les gens par en dessous. L'échotier copinait avec le nouveau Président français sur le thème des gonzesses et du vin rouge. Parallèlement Robert Laffont, son copain, son grand frère, auprès de qui il jouait le rôle de rabatteur, littéraire bien entendu, publiait les écrivains du terroir qui décrivaient Margot en train de remonter le chemin de la fontaine (généralement entre Tulle et Limoges vers 1910). C'était la région d'origine du Président, et celle où notre échotier avait épousé une pharmacienne comme dans Balzac. C'était aussi l'époque où les lecteurs, ne sachant plus à quel saint littéraire se vouer, plébiscitaient les sagas provinciales. Laffont, après avoir joué la carte mondialiste et les *blockbusters* internationaux, se rabattait sur la terre « qui ne ment pas ».

Sous prétexte que je vivais dans un village lointain, on a voulu que je fasse, moi aussi, remonter Margot de la fontaine avec son seau à la main et son châle sur les épaules, mais je me suis plutôt installé à Budapest pour écrire un pamphlet contre l'Europe nouvelle, celle de la chute du mur de Berlin. Robert Laffont, en personne, me l'a acheté sur plans avant mon départ, dans son bureau sous les toits place Saint-Sulpice, avec son air ironique et ses gestes lents de conquérant à qui la faiblesse de ses coronaires tient enfin lieu de sagesse.

Dans ce livre futur, lui ai-je dit, j'allais expliquer à un ami hongrois, dont j'avais loué l'appartement laissé vacant par le décès de sa grand-mère, que l'illusion de la liberté marchande à l'américaine allait décevoir tous ces gens qui sortaient du communisme. Ils ne tarderaient pas, face à la pâtée internationale obligatoire, à l'humanité interchangeable, à l'immigration délirante, à renouer avec le besoin d'une identité millénaire. En Hongrie ce besoin est plus aigu que partout ailleurs parce qu'il a été réaffirmé maintes fois dans l'Histoire. J'appelais de mes vœux un Parlement culturel continental en 1993, gardien de l'esprit de famille européen. Je disais à peu près : « nous sentons que c'est devant l'islam qu'il faudra nous justifier, un jour, de ce que nous sommes ».

Robert Laffont, qui se fichait littéralement de tout cela, songea d'abord à repousser ce projet pour son caractère pamphlétaire et les idées vigoureuses, séditieuses, finalement devenues très actuelles, qu'il contenait. Il décida toutefois de le publier pour l'enterrer, ce qui est un procédé très fréquent. L'opération lui permit de se faire passer pour un éditeur moderne et libéral tout en n'encourant pas les foudres des journaux pour des passages du genre : *Si la liberté avait jamais consisté pour un homme à changer de voiture chaque année, nous pourrions dire que nous sommes en bonne voie. Si l'homme libre était celui qui partage librement l'avis de son voisin qui lui-même est librement du même avis que la télévision, nous serions parmi les peuples les plus libres de la terre. Mais si la liberté consiste à savoir reconnaître et repousser un mensonge, c'est notre tour de vous demander votre aide. Sans doute connaissez-vous le mensonge mieux que personne. Essayez d'imaginer que vous n'en connaissez que la moitié. L'autre moitié du mensonge, c'est l'autre moitié du monde.* Un jour l'échotier me fait la leçon, en son nom, et prétendument dans son dos, en me répétant : « c'est une pensée impopulaire, tu manques de souplesse, je te dis ça pour ton bien ».

Pour sa part, question souplesse, il est irréprochable. Certaines natures comme la sienne recherchent la compagnie des puissants pour leur proposer régulièrement d'aller décourager l'opposition en frayant avec elle. Ils se croient diplomates, en vérité ils relaient tous les chantages du pouvoir à l'égard des dissidents. Dans un film, quand on voit un type chafouin qui met le héros en garde et qui a ses entrées au palais, il a toujours ce mouvement d'épaules un peu rond, ce menton bas, ce demi-sourire qu'on pourrait appeler préventif. En tout cas ce personnage saint-simonien aura fait carrière dans la défense des gens au pouvoir au nom de la raison, même quand ils étaient stupides, et dieu sait que Jacques Chirac, son maître, l'a été en mainte occasion. D'ailleurs, ce dernier, dès son avènement, le nomme quelque part. Du coup notre échotier est de tous les dîners, il vous serre la main d'un air implorant à force d'être complice, jusqu'au moment où il s'éloigne pour ne pas être photographié à vos côtés, car il est toujours soucieux de ne pas se griller.

Pendant ce temps, Robert Laffont, son deuxième père comme il dit, qui annonçait à tout le monde qu'il avait recruté, en ma personne, « un grand écrivain vous allez voir », me donne à traduire des policiers cruels et me fait réécrire les mémoires d'un navigateur au QI pélagique.

La critique, ironique, titre à propos de mon pamphlet pro-Hongrois : « c'est la faute aux Américains ! » Il faut rappeler, mais je l'ignorais encore, que *le Figaro* était influencé par l'actionnariat d'un groupe lié à toutes sortes d'activités militaires américaines. Ses éditorialistes étaient donc triés en fonction des intérêts de l'actionnaire. J'en fus écarté pour avoir ricané sur Donald Rumsfeld au nom de la vieille Europe.

À la fin des années 90 la France est littéralement verrouillée de l'intérieur sur tous les sujets. Mais le premier d'entre eux reste cette vente à la découpe permanente, souterraine, dont notre pays est l'objet dans tous les domaines : militaire, industriel, immobilier, culturel. 30 000 lobbyistes chassent le député européen pour lui arracher des votes conformes à l'intérêt d'un groupe, d'un consortium, d'un ensemble de spéculateurs, y compris en matière d'immigration. On achète sur fonds publics des films et des séries à Hollywood, mais le montant de la transaction est tenu secret. On ouvre les frontières à n'importe qui. On laisse faire n'importe quoi. C'est le moment où des familles entières s'installent pour vingt ans avec un visa de touriste et avec la bénédiction de Jacques Chirac, qui dit tout et son contraire à quelques jours d'intervalle, tout en serrant les mains à travers la planète et en chassant les *gonzesses* entre deux ascenseurs.

Le personnel politique français vend notre âme aux Américains, laisse les Allemands protéger leur industrie et ne supporte pas ceux qui le lui reprochent. J'essaie de convaincre mes amis hongrois que cet illusionnisme permanent les guette. J'écris un livre dont l'un des héros a fui Budapest pour faire fortune à New York dans le marché de l'art ; je m'enflamme pour cette partie dite centrale de l'Europe afin de la convaincre de résister à la barbarie marchande. C'est curieux, mais, en une seule année, la presse ne parle absolument plus de ce que j'écris. Mon éditeur me dit que je ne fais aucun effort. Quel genre d'effort ? Changer d'opinion, changer d'âme, redevenir *trendy*, vendable, susceptible de plaire aux magazines féminins. « Il fut un temps, rappelle-t-il avec un dédain nostalgique, où tu écrivais des chroniques dans *Playboy* ».

Je n'ai même pas envie de me justifier. À la fin, l'idée de briguer la direction du Centre culturel français de Budapest me paraît expédiente. Le poste va se libérer. Représenter la Culture française dans un pays que l'on aime n'est pas un sort détestable et permet d'avoir un salaire à défaut de « meilleures ventes ». De la part d'un écrivain français de quarante ans qui a écrit sur la Hongrie, ce n'est pas entièrement absurde. Les colloques sur Jean-Paul Sartre ne seront bientôt plus obligatoires puisque la majorité politique vient de passer à droite. Je veux le croire, mais je me trompe évidemment. Le premier souci des nouveaux maîtres du pays n'est pas de plaire à leurs électeurs en pratiquant la politique qu'ils réclament. Leur obsession est plutôt de ne pas déplaire à leurs adversaires. Pour obtenir ce poste à la manière française, c'est-à-dire par ce qu'on appelle le piston, je demande son appui au grand ami du Président qui me répond à peu près, en haussant ses épaules rondes : « bah, s'il n'y a que ça pour te faire plaisir ! » (le tout en présence de sa secrétaire, à qui il dit de noter notre conversation avec un geste impatient de l'index).

Nous sommes au milieu de la salle du café de Flore à dix heures et demie du matin. Moi avec mon petit cartable de provincial entre les genoux, lui semblant chercher sans cesse des accoudoirs autour de lui, arborant cet air important, excédé que prennent les gens pressés devant les solliciteurs. J'ai l'impression d'être Akaki Akakievitch dans le *Manteau* de Gogol au moment où il fait antichambre en haut-lieu. L'administration française est tellement corrompue qu'il faut faire semblant d'être l'ami d'un ministre pour être écouté par un guichetier. Hélas, mon interlocuteur en l'occurrence n'est même pas secrétaire d'État. Je rédige, malgré tout, après l'avoir quitté, un dossier de candidature à la hâte, j'envoie des lettres en deux exemplaires. En vain, bien entendu. Au bout de deux mois, le poste est pourvu au bénéfice d'un autre. L'un de mes amis, nommé quelques semaines après au cabinet du ministre, consulte mon dossier : il ne comporte aucune trace d'intervention en ma faveur.

Un exil très peu doré

Le refuge de la Province et celui de l'étranger sont une consolation. Jean-Edern Hallier, l'un des rares à avoir flairé les temps nouveaux et deviné où nous allions, vient de succomber à ses ennemis, probablement empoisonné d'un coup de parapluie bulgare, en tout cas sans autopsie. De mon côté les contrats littéraires se font rares, les traductions se multiplient, pour vivre, pour ménager un revenu, rester dans le jeu, éviter de devenir rédacteur en publicité. *Le Figaro* continue de m'envoyer à travers la planète pour tester un palace au Brésil ou une randonnée en Indonésie, au milieu de journalistes de gauche qui s'apitoient sur la misère après avoir demandé à être surclassés. Partout s'installent le maccarthysme tiers-mondiste, l'antiracisme totalitaire, la *novlangue* socialiste.

Jean-Marc Roberts, le compagnon de *flipper* de mes 18 ans, prend la direction d'une maison d'édition pour services rendus. On ne sait pas lesquels et on ne sait pas à qui. Mais on s'en doute. Le métier d'éditeur en France est assez commode. Il revient à parier sur les bandes, l'impair, le rouge ou le noir, comme au casino quand on ne veut pas prendre de risques, mais surtout parce qu'on connaît le croupier. Du coup, c'est bizarre, c'est miraculeux, mais on finit l'année en positif. On glane ici un prix, là un succès, on plaît aux actionnaires de son groupe. On promène autour de soi le regard du type qui fait dans la gentillesse, mais une gentillesse implacable, qui se décide le matin, que l'on calcule pour être bien vu, alors qu'on n'a d'amitié véritable pour personne. On est dans le moi-je permanent, le narcissisme rampant, mais on se défend de s'accorder de l'importance en prétendant refuser par modestie toute solennité, toute réserve, toute hauteur pour soi-même, alors qu'en vérité on passe surtout son temps à les dénier aux autres. Le narcissisme à la nouvelle mode consiste à ne parler de soi que sur le ton « voyez comme j'ai été ridicule » et à exiger d'autrui qu'il fasse la même chose.

Pour avoir méconnu cette règle, j'ai subi de la part de *l'Express* le pire de ce que peut connaître un journaliste : parce que j'étais un ami de l'auteur de *Snoopy*, Charlie Schultz, j'ai proposé un grand entretien et j'ai pris l'avion aux frais du journal pour aller le voir à Santa Rosa, au nord de San Francisco. Sur un ton nostalgique, *Sparkey*, comme l'appelaient ses amis, m'a parlé de l'Amérique lointaine de son enfance près de Saint-Paul, Minnesota, et m'a montré qu'il était resté du côté de John Wayne. Mais l'article n'a jamais été publié parce que « le type se prenait au sérieux ».

L'un des meilleurs amis de Roberts est François-Marie Banier, dont on connaît désormais la carrière mondaine par la presse à scandales. Leur psychologie est assez voisine, y compris dans le rapport à l'image du père, mais elle est identique littérairement : on déteste les gens qui se prennent pour quelqu'un tout en restant obsédé par soi-même. À chaque interview on s'étonne que les choses soient devenues si faciles dans sa propre vie, mais on n'ajoute pas : « depuis que j'ai vendu mon âme », faute d'ailleurs de s'en être aperçu.

On pourrait dire la même chose de tout le monde intellectuel parisien qui a surgi comme une île volcanique pendant le règne de François Mitterrand : c'est du magma froid, une sincérité adolescente de départ vitrifiée, devenue solide, inaltérable, cupide, insensible à tout. Banier jongle avec l'argent des autres. Roberts donne ses rendez-vous à l'hôtel Scribe, au bar du Lutetia, au Majestic de Cannes. La France des déconneurs, celle du café-théâtre, celle qui pratique la dérision, l'autodérision, celle qui prône le mépris de ceux qui ne voient rien au second degré, la France du collège Pasteur de Neuilly-sur-Seine, celle des nantis dont le grand-père l'était déjà, dispose désormais de tous les leviers. Elle fait des millions d'entrées, des millions de lecteurs, des millions tout court, pour nous infliger la société nouvelle à l'américaine où l'origine des gens n'est plus qu'anecdotique, et où personne n'imagine que les citoyens, une fois transformés en consommateurs, ne deviennent pas interchangeables.

Une génération après, ces nouveaux citoyens se sont multipliés dans notre pays. L'exode rural a chassé de chez eux toutes sortes de jeunes gens qui, après avoir été prénommés Steve ou Priscilla par une mère folle et divorcée, sont montés tenter leur chance à Paris pour travailler dans un entrepôt et assister aux concerts de *Police* et de *U2*. Après quoi l'exode rural, l'immigration, le regroupement familial, le droit du sol, ont pris le relais. Mais cette fois, plus question de *Sting* ou de *U2*. Les nouveaux citoyens sont de moins en moins miscibles avec la musique des autres. En guise de chansons, ils écoutent des diatribes rythmées qui leur disent de prendre les armes contre les juifs, les *kouffars*, les pédés, le tout au pays de Jean Giraudoux, de Charles Trenet, de Paul Valéry, de la nationale 7 et du petit salé aux lentilles.

À la fin des années 90, un de mes lecteurs, devenu depuis secrétaire des débats au Parlement, essayiste et biographe du Curé d'Ars, me demande la permission de donner mon numéro de téléphone à Renaud Camus qui vit non loin de chez moi. Ce dernier voudrait mettre une partie de son journal sur internet en profitant des ressources naissantes de l'hypertexte, le texte qui accumule notes et incidentes dont sa littérature relève depuis le début.

C'est l'occasion de rencontrer une deuxième fois Renaud Camus, cet écrivain de ma génération avec qui j'ai posé dans un magazine de mode dix ans plus tôt. Cette fois, c'est dans le château du XIVe siècle qu'il occupe sur une colline à Plieux, près d'Agen. Il est entouré de toiles de huit mètres peintes par son ami Marceschi, dans le froid, la lumière, le chant des oiseaux et le rugissement lointain des camionnettes qui gravissent les côtes alentour. Camus est un abstrait. Cela tombe mal, car il n'aime, donc, ni les camionnettes qui rugissent, ni la mécanique, ni l'aboiement des chiens, ni les ruraux, ni l'argent, ni les contingences en général, avec qui il se montre désinvolte et qui se vengent assez souvent. Les contingences forment une part considérable du réel dans des domaines auxquels il ne renonce pas pour autant : la technologie, la mécanique, le chauffage par le sol, le jardinage, l'élevage des chiens. Comme tous ceux qui ont besoin de la compétence d'autrui, il sait se montrer extraordinairement courtois et attentif, non par calcul sournois et lointain, mais parce que c'est le moyen le plus direct de parvenir au résultat qu'il recherche : que vous fassiez les choses à sa place.

Notre homme a un côté vaguement autiste Asperger, doué, très analyste, mais tout le monde doit se plier aux exigences de son ordre intérieur. Nous éprouvons l'un pour l'autre une estime prudente, mais complémentaire. Chez moi tout reste dans un désordre fécond. Il me rend grâces de faire partie de ces gens vulgaires qui sont capables de lyrisme ou de colère dans leurs livres, tout en sachant piloter les avions et réparer un ordinateur, un peu comme Zola était photographe et Hugo ébéniste. De mon côté, je vois en lui un représentant de cette froide intelligence française qui rappelle celle des maîtres d'armes, qui hésite toujours au bord de l'ironie et du dédain, qui cite les paroles des humbles comme des mots d'enfant, mais qui ne sait rien faire de ses dix doigts.

Nous sommes à la veille de l'Affaire Camus, à laquelle je serai mêlé accidentellement, et nous sommes encore loin de la façon dont Camus sera perçu, dix ans plus tard, par les journaux, puisque je le tiens moi-même alors pour un écrivain de gauche. Il ne l'est sans doute plus, mais il est issu du sérail. Je le lui dis, d'ailleurs, en évoquant de manière assez cruelle cette période de dandysme intellectuel qui l'aura fait passer du Collège de France aux *backrooms* new-yorkaises, qui l'aura fait côtoyer Michel Foucault et Roland Barthes. Dans mon esprit, il a indéniablement au départ ce côté grand bourgeois calibré pour le socialisme mitterrandien qui ne veut pas se mélanger avec le peuple, d'ailleurs il me reproche avec ironie de prétendre m'intégrer à la vie de mon village.

Je réprouve aussi son rapport intellectuel à la peinture, son côté « petit pan de mur jaune », alors que pour ma part je me flatte, sans doute exagérément, d'être un humble portraitiste, en somme un artiste selon le peuple, même si mon meilleur ami de l'époque est Tibor de Nagy un marchand d'art new-yorkais d'origine hongroise, âgé de 70 ans, qui a fait partie des découvreurs de Jackson Pollock. C'est le moment d'indiquer en quoi la gauche française aura désigné, défini, honni son propre « art dégénéré », comme les totalitaires des années 30 en Allemagne. Sauf que cette fois, c'est l'aquarelle de Rocamadour qui est devenue hors-la-loi, et j'ai même un exemple.

Parmi mes voisins à la campagne figure un couple de peintres à l'ancienne, c'est-à-dire qui vivotent en plaçant des portraits, des natures mortes et des scènes inspirées du XIXe siècle. Le mari finit par trouver une sorte de marché de niche en pastichant les grandes marines hollandaises, qu'il vend à des décorateurs et des nababs sur la Côte d'Azur. Mais la vie est difficile, et surtout ils ne perçoivent aucune des subventions accordées à ceux qui projettent du plâtre sur une toile noire, et la presse les ignore. Le résultat est qu'à l'âge de soixante ans ils sont pauvres. Poursuivis par le fisc, ils calfeutrent un matin les fenêtres de leur petite maison et s'endorment, pour toujours, en habits du dimanche, pour avoir reçu un redressement fiscal dépassant de trois fois leurs revenus de l'année. Aucune exposition ne voulait d'eux, aucune galerie, aucune mairie, aucun conseil général pour ne pas déplaire au moloch de l'opinion socialiste qui exigeait de la modernité même sans talent, alors qu'il existe encore une grande moitié des artistes qui possèdent du talent sans aucune modernité.

Mais l'un des grands péchés devant la nouvelle société à l'américaine, si bien épousée par le système marchand européen, c'est incontestablement le fait de posséder un don, d'être fait pour quelque chose à la naissance, et la France qui vient de fêter le bicentenaire de la Révolution ne veut voir qu'une seule tête, celle du citoyen, dont les enfants possèdent les mêmes chances au départ. Et par conséquent d'où qu'il vienne, les mêmes aptitudes. D'ailleurs dans le monde marchand américain, le talent s'achète, il y a des écoles pour l'acquérir, des sites internet pour en apprendre les règles, les codes, les réseaux, et pour bénéficier de la clientèle institutionnelle des marchés publics. En littérature il a un équivalent, c'est le *creative writing*, dont je suis bien placé pour connaître les ravages puisque le hasard m'a placé chez l'un des éditeurs les plus friands de succès américains, Robert Laffont, repris par un attaché commercial, lequel, pour m'obliger à justifier mon salaire d'auteur français, m'oblige à combler le déficit en traduisant des horreurs en provenance de Boston.

J'impose, non sans difficulté, l'usage du nom de ma mère, pour ne pas compromettre mon profil d'auteur sérieux, et je traduis donc pour vivre des romans de crétins où l'on s'étripe, où des monstres hantent les musées, où l'on enlève des jeunes filles pour les mutiler dans une cave. Je rappelle que, parallèlement, mes propres personnages ont le cœur tendre et l'âme délicate, mais quand mes livres sortent, ceux que j'ai traduits occupent la place d'honneur sur le présentoir. Un critique osera même publier quatre lignes dédaigneuses sur deux parutions françaises dont je faisais partie, tout en flattant une nouveauté policière américaine que j'avais traduite, et en montrant bien que d'un côté c'était la France racornie, qui vivait dans le repli, et de l'autre l'Amérique triomphante, sûre de son commerce et de son goût populaire.

Hé ! attends une minute !

Il n'y a pas de pire exercice que de traduire un auteur médiocre, surtout californien. C'est la médiocrité au carré. On voit toutes les ficelles, toutes les récurrences du *creative writing* à l'américaine, dont une conjuration d'éditeurs et de critiques voulait que les auteurs français s'inspirent. C'était avant tout une poignée de recettes de bateleur, un recours systématique au cliché, une profusion de « il hocha la tête », « il haussa les épaules », « il parut soucieux ». Traduire un best-seller, c'est revoir trente fois le même film d'action imbécile dont les protagonistes s'interpellent aux cris de « hé ! attends une minute » et font des allusions à *Thanksgiving* dont les Français n'ont que faire. C'est donc à cette époque qu'un ancien agent commercial de chez Gallimard nommé Fixot, pour avoir compris que cette humanité-là allait submerger l'autre, prend la direction des Éditions Laffont.

Il suscite un tollé à Paris en voulant alléger Balzac et Flaubert de toutes leurs descriptions inutiles pour une édition de poche. Il épouse la fille de l'ancien Président de la République, artifice de génie sans lequel son histoire n'aurait pas ressemblé à un conte de Roald Dahl. Il m'explique que je ferais bien d'accueillir le monde nouveau avec moins de réserve, car l'autre n'a aucun avenir. Il me conseille de couper ma barbe qui est mauvaise pour mes ventes, qui me donne un air rugueux et finira par m'appauvrir. De fait je dois renoncer à ma licence de pilote faute d'argent alors qu'il circule lui-même en hélicoptère, ce qui est un premier indice.

Bon an mal an, grâce aux traductions de la littérature que j'exècre, et qui prend la place de la mienne dans les catalogues, j'arrive tout de même à gagner ma vie, ce qui est une prouesse au pays du Maccarthysme de gauche. La France est sournoisement passée dans le giron des opinions obligatoires. Si les contours de l'officialité dans la pensée sont encore mal tracés, les Français qui voyagent souvent aux États-Unis (et j'y passe la moitié de mon temps) ont déjà remarqué que nous sommes en train d'imiter nos maîtres en tous domaines. Certes il existe, chez le Français des classes moyennes comme chez l'intellectuel, une fascination pour le goût américain puisqu'il coïncide avec la pente naturelle de la convoitise et de l'esbroufe, mais on sous-estime le caractère délibéré, programmé, orchestré de l'influence culturelle qui nous a été vendue de force, scientifiquement, par des lobbies aussi puissants que ceux qui gouvernent le marché aéronautique ou l'agriculture mondiale. Ce ne sont pas seulement les livres, ceux que je traduis, qui inondent le marché sous le nom de *blockbusters*, mais les films, les jeux vidéo, qui vont tous dans le même sens, celui d'une plèbe aveugle, sans âme et sans mémoire, sans autre désir que celui de la technologie et de l'aventure spatiale, sans autre fascination que celle des robots et des êtres interchangeables, *rebootables*, dont on efface les souvenirs, que l'on reprogramme indéfiniment afin qu'ils deviennent toujours quelqu'un d'autre (c'est exactement ce qui est en train de se produire pour notre nation).

En ce sens le monde américain nous inflige depuis quarante ans un aveu majeur : son imaginaire est tourné vers une humanité future qu'on appelle aujourd'hui transhumaine, mais qui n'a rien d'humain. Transformable (*Transformers*), reprogrammable (T*otal recall, Jason Bourne*) réassemblable (*Robocop*), elle est aussi formée de gens médiocres qui aspirent à devenir quelqu'un d'autre grâce à des « pouvoirs », voire des super pouvoirs, « *superpowers* ».

Il faut ajouter à cela que le réalisme, le naturalisme, donc le simple humanisme, disparaissent dans les représentations anatomiques. La nudité devient *inappropriée*, la sexualité est strictement bannie, les slips des super héros sont vides alors que leurs épaules sont énormes, les programmes d'image de synthèse destinés aux sculpteurs font l'impasse sur les organes sexuels, lesquels sont livrés en option. En revanche les caractères sexuels symboliques que sont les muscles et les seins sont glorifiés, exaltés jusqu'à la névrose pour compenser une castration parallèle. L'univers des jeux vidéo domine celui du cinéma lequel domine celui de la littérature – puisqu'elle travaille désormais pour lui dès le premier stade. Du coup, le seul refuge de la littérature véritable aux États-Unis pendant cette période est la dérision écœurée, vaguement suicidaire, qui saisit les esprits critiques devant la niaiserie, l'antihumanisme absolu de ce complexe technologique et commercial envahissant. John Kennedy Toole, Michael Chabon, les frères Cohen, Michael Moore, nous montrent que tout est perdu, et chez nous leurs élèves les plus fayots comme Despentes, Dantec ou Houellebecq retiennent la leçon et réchauffent, indéfiniment, le plat fétide de l'autodérision dépressive. Tout est moche, la sexualité ne renvoie à aucune morale, le monde est une absurdité, la civilisation occidentale est mûre pour la punition des barbares, qu'elle évitera toutefois probablement en exterminant tout le monde à l'aide de robots vengeurs.

Et cet univers social où les hommes deviennent interchangeables là où ils sont nés ne saurait être complet, dans sa logique, qu'en les déplaçant indéfiniment, du lieu où ils sont nés au lieu où l'économie a besoin d'eux. C'est l'objet de l'*Open society* que les Américains, depuis l'avènement de Jacques Chirac et avec la complicité de l'argent apatride, nous ont fourguée au milieu des années 90 en construisant *Disneyland Paris* qui sacrait le rôle de la France comme fille aînée du mondialisme. Ce parc d'attractions l'est d'ailleurs au carré, puisqu'il attire les populations sans mémoire et sans culture qui s'y ruent, depuis sa création, de tous les coins d'Europe, et souvent de populations nouvellement naturalisées qui ne participent au jeu social qu'à travers les *blockbusters*, la conquête de l'espace, la mythologie intemporelle des super héros, la violence urbaine et le sport. Sans oublier Halloween, la Saint-Valentin et bientôt *Thanksgiving*. Ces fêtes américaines sont celles de cette religion laïque et grotesque qui remplace les processions et les grands pardons par des animations en supermarché.

Vingt ans après nous arrivons au prodige paradoxal de ces populations de plus en plus confites dans la religion qui fêtent Halloween sous les néons de la Défense, qui vont voir des princesses en plastique à *Disneyland* et dont les enfants assemblent des ordinateurs dans les arrière-cours pour jouer à des jeux guerriers sanglants dont les protagonistes, couverts d'acier et de circuits imprimés disent « hé attends une minute! » comme dans les feuilletons traduits. Et cette fameuse laïcité à laquelle ils feignent de souscrire n'empêche pas les supermarchés de la piétiner en faveur du ramadan. Ils mangent une nourriture interchangeable comme ils le sont eux-mêmes, en bons citoyens du monde marchand, mais qui tient compte de leurs superstitions alimentaires, lesquelles sont respectées à la lettre par le nouveau système comme le sont les intolérances au gluten ou aux produits laitiers. L'*Open society* a tout prévu, même les superstitions. La seule chose qu'elle n'ait pas voulu prévoir, c'est qu'une superstition veuille manger les autres et ne songe pas un instant à devenir interchangeable comme on troque un pull bleu pour un pull marron, puisque l'apostasie y est punie de mort.

Depuis quelques décennies déjà le tourisme intellectuel et moral avait fini par devenir la marque de cette société sans histoire, sans racines, sans préférences réelles puisqu'elle en changeait tous les dix ans. Pendant les années de consumérisme frénétique, les opinions et les convictions religieuses s'attrapaient comme les *Beatles* ont attrapé le rhume de la philosophie indienne pendant deux ou trois saisons, avant de passer à autre chose. Les gens disaient volontiers d'eux-mêmes : « c'était ma période hippie, mes années christianisme charismatique, mon *trip* bouddhiste de la quarantaine, etc. » La religion et les mœurs étaient un élément du style de vie qui pouvait changer au gré des expériences et des rencontres. La société ouverte à laquelle la France a été obligée de souscrire par ses élites sans la moindre consultation préalable s'est donc efforcée à cette époque-là de présenter la société fermée comme racornie, peu digne d'estime. C'est-à-dire que non seulement on n'a jamais consulté le peuple pour lui demander s'il voulait devenir quelqu'un d'autre que la France de Papa, mais on a propagé l'idée que nous nous sentions mal tels que nous étions puisque nous vivions dans le *repli*. Cette société qui baisse sa garde exprès pour instaurer, selon le vœu de Washington et de la Banque mondiale, le règne éternel de l'interchangeabilité des êtres, des opinions, des cultures, ignorait cependant délibérément l'existence d'une façon d'être, d'une opinion et d'une culture qui voulait que toutes les autres deviennent comme elle, mais qui ne voulait pas devenir comme les autres.

Pour des raisons incompréhensibles, les partisans de la société ouverte ont détruit toutes les barrières pour installer les siennes.

Dis-moi qui tu fréquentes

L'affaire Camus, à laquelle j'ai assisté de près, comportait déjà le ferment de tout ce qui s'est passé depuis, et nous avons été une poignée, avec Alain Finkielkraut, à nous alarmer de ce que l'antiracisme permette de museler quiconque au bénéfice de celui qui se prétend victime de discrimination. Nous savons désormais à qui a profité le crime.

Rappel des faits pour les étourdis. En 2000, Renaud Camus s'étonne d'entendre à la radio répondre à la question « qu'est-ce qu'être français ? » par une écrasante majorité de chroniqueurs qui ont coutume de raconter leurs souvenirs d'enfance au fond de la Tunisie, et de dédaigner cette fameuse France de Saint-Louis, des Tuileries et de l'école de Barbizon, en la traitant de franchouillarde. Inutile de rappeler les minutes du procès médiatique odieux qui s'est ensuivi (Péan l'a fait dans *La face cachée du Monde*), sauf pour attester qu'il était orchestré. Quand l'éditeur ordinaire de Camus, P.O.L, se désiste parce que son père a fait partie lui aussi de cette France de nouveaux arrivants qui, etc., je réclame l'envoi, par courrier électronique et j'imprime l'avant-dernière version du journal de Camus que je destine à Claude Durand, mon éditeur, lequel passe pour courageux, mais ne l'a jamais été plus que les autres. Au passage, j'avise Camus que, connaissant le côté provocateur de Philippe Sollers et son habitude de prendre tout le monde à contre-pied, je dépose une copie chez Gallimard.

Ce sont les passages de cette avant-dernière version qui paraîtront dans la presse. C'est donc Sollers, l'araignée au bout du couloir, qui, loin de toute loyauté, a envoyé le texte à ses affidés. Fayard publie la chose avec un avertissement, mais caviarde les livraisons suivantes du journal de Camus, notamment en ôtant des phrases qu'il citait et dont j'étais l'auteur, le tout après m'avoir acheté dix de mes anciens livres parce qu'il voulait arracher le prix de l'Académie à mon bénéfice, tout en me faisant la leçon à table sur mon amitié avec « ce maurrassien de Camus ». Mais tout en le publiant quand même pour se donner le rôle de l'éditeur courageux, car il sait très bien que Camus, véritable Sir Edmond Hillary de la postérité, y a déjà planté son drapeau pendant que tout le monde dort au camp de base.

Ce comportement contradictoire de Claude Durand, typique d'une maison de cinglés menée par un jésuite qui ne sait pas ce qu'il veut, me menace directement puisque Durand refuse presque haineusement un petit livre que je lui soumets et qui s'appelle *Enfants sans foi ni loi*. J'y montre que la tentation de la rigueur doctrinale, puis de la violence, puis du totalitarisme, est venue de la jeunesse chez les nazis, et qu'elle emprunte le même chemin chez leurs successeurs. Lesquels ? Je ne les nomme pas, mais les vingt années suivantes m'ont donné raison. Nous y sommes. En tout cas sur le moment la grande leçon de tout cela telle qu'elle est suggérée par les entretiens livrés par Paul Otchakovsky-Laurens (l'éditeur qui a chassé Camus), est que les ultra-vigilants à propos de l'antisémitisme, ceux qui gardaient en permanence la main sur les manettes du système d'alarme, ont encouragé l'installation en France, pendant plus de trente ans, du pire antisémitisme qui soit, celui qui venait des pays arabes.

Tous ceux qui ont traîné sur les bancs de Sciences Po, les facultés de droit et les rédactions des grands journaux dans les années 70-80, peuvent témoigner qu'on leur a « vendu » le thème de « nos frères arabes ». Tous ceux qui ont dîné aux mêmes tables que la gauche parisienne attestent volontiers qu'on y croisait des gens comme Ibrahim Sousse, qui était un homme charmant et qui servait de prétexte aux Juifs antisionistes à Paris pour tenir des discours favorables à l'immigration, puisqu'il était un représentant particulièrement réussi d'intégration, avec sa vaste culture et son talent de musicien. Yasser Arafat, son ami, avec qui il partageait au moins une particularité masculine d'ordre hélas privé, ce qui m'interdit d'en parler bien que j'en aie grande envie, fascinait toute une famille d'esprits éclairés d'origine juive à Paris. On communiait dans la certitude que les dissensions de l'Occident avec le monde arabe n'avaient qu'une cause, le cynisme économique et politique des Juifs conservateurs. C'est au nom de cette illusion qu'une partie de la gauche intellectuelle française, mécontente de l'intolérance qui régnait à Tel-Aviv, a littéralement ouvert les portes de la France à ses fameux « frères arabes », afin de montrer que la patience mutuelle, impossible à arracher au Likoud dans la bande de Gaza, était possible ici en Seine-Saint-Denis. Même et surtout Jacques Chirac, qui était toujours du dernier avis entendu, s'est fait remarquer à Jérusalem en manifestant sa colère à l'égard d'une certaine brutalité policière qu'il a failli appeler sioniste. Le ministre de la Culture, Jacques Lang, avait beau dîner sans cesse avec les représentants du monde arabe, ce qui lui vaut un poste de président de l'institut à 74 ans, les bataillons de la haine étaient à l'affût, et toujours plus nombreux à s'installer chez nous.

On a souvent cité le rôle des pétrodollars pour expliquer cette complaisance, mais une autre complicité souterraine, d'ordre sexuel, a affleuré çà et là, et a permis aux élites européennes d'assouvir en territoire complice leurs passions « mal vues » à Paris. Un soir, l'un des représentants de cette gauche abonnée chez Régine, et ce n'est pas une figure de style puisque je l'y accompagnais, me demande de le déposer chez un diplomate français, un porteur de valises spécialisé dans le monde arabe et qui est issu d'une famille aristocratique. Il est près de minuit, il m'invite à monter. Dans un salon à l'antique hérissé de colonnes, je tombe sur une sorte d'énarque en babouches entouré de jeunesses marocaines, personnage mystérieux entièrement voué à la diplomatie occulte et à la sexualité qui l'accompagne. Il possède un *riyad* à Marrakech comme tout le monde, enfin comme ses semblables, et il circule en jet privé depuis dix ans pour aller voir Kadhafi dont il est un grand ami. D'ailleurs les portraits du bouffi cruel et mal rasé ornent les murs de l'entrée au milieu d'autres sommités mondiales, l'ancien dictateur de l'Égypte, le président tunisien, enfin tous ceux dont la France a fait sauter les régimes, dix ans plus tard, à force de compromissions et sur ordre américain.

Quand de faux naïfs comme Renaud Camus se demandent publiquement aujourd'hui comment l'entrée annuelle de deux cent mille immigrés, pendant dix ans, a été possible sans que le peuple ne s'aperçoive de rien, cette collusion générale entre presse, politique, finance et fraternité sexuelle « réprouvée en Occident », c'est-à-dire souvent orientée vers l'extrême jeunesse, doit être prise en compte. Tous les moyens sont bons à l'époque pour venir planter sa tente à Paris. L'un des plus sûrs consiste à débarquer avec le sauf-conduit de quelque ancien ministre français qui a des intérêts en Tunisie, mais c'est loin d'être le seul. Quand on traversait alors le Tiers-Monde, et notamment subsaharien, comme journaliste et parfois comme écrivain à l'invitation d'un centre culturel français africain, on pouvait aisément se convaincre que notre réseau culturel à l'étranger servait de plate-forme pour obtenir des papiers, par toutes sortes de stratagèmes dont le personnel français expatrié détenait les clés et faisait bénéficier ses amis locaux. Le ministre de l'Intérieur, de l'Outremer et de l'Immigration, Hortefeux, lors de ses vœux annuels aux centaines de membres du réseau en 2008, a d'ailleurs admonesté le personnel en lui disant qu'il n'était pas là pour trouver des combines aux candidats à l'immigration. Voilà qui permet de mesurer l'importance du phénomène, mais il est vrai qu'il suffit de regarder par la fenêtre dans une avenue de la banlieue parisienne, pour s'en convaincre aujourd'hui.

Une poignée de Français a donc invité expressément des immigrants toujours plus nombreux à s'installer chez nous puis à déplorer immédiatement leur manque de visibilité dans les médias, puis à remettre en cause le contenu de nos programmes d'histoire au nom de leur histoire à eux. Cette perversion du vieux monde par ses hôtes les plus récents, avec la complicité des élites parisiennes, dans un bain de chantage religieux et de mythologie violente américaine, était donc le sujet du petit livre que j'ai proposé à mon éditeur, *Enfants sans foi ni loi*. Camus, à qui j'ai fait lire l'opuscule sur les enfants violents, n'y a rien trouvé que de « bien observé » et en a, de surcroît, placé dans son journal une citation. Mais hélas, elle a sauté à la demande expresse de l'éditeur, lequel était aussi le mien. La livraison du journal de Camus comportait donc, cette année-là encore, un blanc disgracieux qui correspondait à la phrase : *quand des enfants portant le foulard palestinien poursuivent d'autres enfants à kippa dans les rues de Paris aux cris d'« à mort Sharon », peut-on vraiment parler d'antisémitisme français ?*

La gravité du crime ne paraîtra pas évidente à la plupart des lecteurs. Or pour la maison qui me versait un salaire, qui venait de me racheter plusieurs titres et qui intriguait pour me faire primer par l'Académie française, il s'agissait d'une faute lourde.

Le président de Fayard m'annonça qu'il ne publierait pas ce livre. Il parut donc ailleurs. Son sujet se résume facilement : la jeunesse invente, par la violence, une autorité qu'elle n'a jamais subie, afin de rétablir une hiérarchie brutale, masculine, dont l'égalitarisme socialiste et féminin l'a privée. Les débuts du nazisme sont comparables. Ce sont ceux d'un mouvement de jeunesse exalté jusqu'à la férocité, qui intimide les femmes, les professeurs, les vieux, les homosexuels, les démocrates, et les Juifs.

Sans être une seule fois citée dans le livre, une certaine religion combattante, totalitaire, était entre autres visée par ma démonstration qui du coup en devenait importune. La même semaine, je fus convoqué par toutes les brigades de pompiers idéologiques de la télévision, soit quatre émissions en *prime time* destinées à allumer des contre-feux.

On me somma de m'expliquer, au milieu d'un aréopage comportant un académicien pervers, Dutourd : « Vous devriez vous présenter à l'Académie, je voterai pour vous, je vous assure, vous avez la barbe de l'emploi ! », un ministre en exercice, Jean-Jacques Aillagon, le genre de type pour qui il ne faut jamais rien exagérer et qui de modération en modération, a fini par jouir précisément d'avantages très exagérés. Il y avait aussi Elizabeth Lévy, virée du journal *Le Monde* pour avoir dit la vérité sur le Kosovo et qui m'invitait, avant l'enregistrement, à ne pas me laisser faire par son ancien collègue (ou patron) Plenel.

Pendant l'émission ce dernier accuse tout le monde de penser comme un petit-blanc, sans doute pour compenser le fait qu'il a exactement la tête du personnage. Outre ce second rôle à la Audiard, à la Carné, celui du délateur dans *Papy fait de la résistance*, il y a l'inévitable « rédacteur en chef-idées » du *Figaro*, qui résiste de plus en plus mal aux accusations de plagiat, chrétien orthodoxe passé à la gauche populiste, homosexuel revendiqué mais père de famille qui va jusqu'à en débattre en public avec son fils dans les magazines, spécialiste toutes catégories du grand écart, protégé par tous les réseaux, comme Roberts et pour les mêmes raisons.

Trois jours plus tard, autre plateau d'un autre genre, avec des actrices juchées sur un tabouret et des introductions musicales façon *hard rock*. Le meneur de jeu s'appelle Ardisson, et il invite des personnages qui font autorité dans la chanson à blâmer mes mises en garde contre les jeunes de banlieue cherchant l'affrontement communautaire et religieux. Montage au hachoir, suppression des passages où ma repartie fait mouche, mais je reçois mille courriers électroniques favorables pendant la nuit de la diffusion.

Cette noria d'invitations sur des chaînes nationales connaît, la même semaine, un apogée : on me propose de débattre sur le sujet avec Marine Le Pen. Pendant toute la journée, la maison Fayard cherche à me joindre pour m'empêcher de le faire. Mais l'émission est enregistrée quand même, sans aucune prise de bec. Le présentateur, Buisson, qui plus tard s'est illustré comme conseiller de Sarkozy, nous dit : « finalement vous pensez la même chose », je réponds que peut-être, mais que pour moi tout n'est pas politique et que je n'adhère à rien même si nous sommes d'accord sur ce point particulier.

Au moins, me dis-je, avec ce battage quasi quotidien depuis une semaine, mon livre se vendra-t-il assez pour assurer mes revenus. Il faut savoir que les participants à ce plateau, qui tutoient les ministres, sortent tous d'une brasserie où la sole meunière est à cent francs. Tandis que j'ai déjeuné d'un sandwich, comme toujours et faute de mieux. Hélas, prétendre vendre un livre qui a fait l'objet d'une exposition médiatique aussi intense, c'est compter sans une censure en aval dont il n'est jamais question en France, alors que c'est la principale : celle des libraires. Si par hasard on se montre convaincant à la télévision sur des idées considérées, par les gardiens de la pensée officielle, comme dangereuses, populistes, nauséabondes, etc., les cartons de livres n'atteignent pas les dépôts de province, ou ne parviennent jamais chez les libraires. Et s'ils arrivent chez le libraire, ils ne quittent pas l'arrière-boutique. La censure par la distribution est ce que le système a trouvé de mieux pour juguler une pensée dissidente.

Du coup je deviens dissident moi-même. Cette fois je n'ai plus rien pour vivre.

Monte-Cristo en Italie

J'ai longtemps gagné ma vie en écrivain campagnard, sans autre souci que de perpétuer ce miracle. Mes ressources étaient médiocres, mais la médiocrité est relative à ce qui vous entoure et j'étais entouré d'ouvriers agricoles. L'érudition m'aura épargné pour la même raison. Loin des villes, si l'on glane quelque savoir, c'est pour en faire usage et non pour s'en flatter. J'ai trop aimé les gens, les animaux, les avions, les machines volantes, les ordinateurs, la mécanique, pour jouer les talmudistes sur la pensée des autres. Percevoir un salaire en pleine nature, un chien sur les talons, devrait suffire au bonheur de la plupart des hommes. Cela avait suffi au mien pendant plus de vingt ans. Sur l'échelle des nuances sémantiques qui affligent la vie publique française, classé à droite est moins grave que marqué à droite, mais je fus successivement les deux.

Mon éditeur, inquiet de cette réputation qui flétrissait la sienne, accueillit avec soulagement mon projet de composer un roman historique qui pût me tirer à la fois du besoin et de la suspicion : il m'accorda une somme qui me permit de séjourner à Florence et surtout à Milan où j'achevai de composer l'histoire des dernières années de Léonard de Vinci. « Ah, me dit-il, voilà enfin un livre à mon goût ».

Il se fit fort de m'obtenir une récompense qui le dispenserait de m'entretenir une année de plus. Il m'informa, de semaine en semaine, du progrès de ses efforts, se dit confiant très confiant même, puis m'annonça que mon œuvre allait sans doute être primée par l'Académie.

Le supplice de la baignoire que la littérature française réserve aux écrivains sans fortune m'aura beaucoup fatigué dans ma jeunesse. Il permettait de nourrir l'espoir de se maintenir dans la carrière jusqu'à la saison suivante. Chaque saison s'achevait sur des tâches de moins en moins nobles, journaliste, traducteur, *nègre*. Le fait que l'on me promette encore, au seuil de la vieillesse, ce masque à oxygène, me parut une humiliation plutôt qu'un honneur, mais nul ne se résout aisément à l'asphyxie. La veille du jour attendu, dans une chambre de bonne au huitième étage de l'immeuble où vivaient mes parents, je regardai Paris le nez contre la vitre en songeant « pourquoi pas » ?

La réponse arriva du Danemark. L'éditeur qui avait exigé ma présence à Paris ne s'y trouvait plus. Il avait oublié de me prévenir que l'affaire était cuite. Je me souviens d'avoir pensé à la dépense inutile que représentait mon billet de train. Il me fallut subir l'optimisme de mes proches, de ma famille, et même de mon village, jusqu'à l'annonce des résultats. Le jury décerna comme prévu la récompense à quelqu'un d'autre, un ancien directeur d'usine de 70 ans déjà comblé d'avantages, de surcroît pour un livre cruel, ce qui me fit, au fond, plus de peine que tout le reste.

Les choses fâcheuses commencèrent juste après. Le président de ma maison me signifia qu'une jeune femme serait ma « responsable littéraire ». Je quitterais le club des auteurs dont il s'occupait en personne.

Pendant la même semaine, Renaud Camus à qui j'avais ouvert les portes du sérail passa sous la responsabilité de l'eunuque-chef à ma place. Son journal se mit à fourmiller de notations allègres et courtoises à mon sujet, sans doute afin de dissimuler l'injustice de cette disgrâce, à laquelle il assista, mais qu'il ne put rien faire pour atténuer, sauf à mettre en péril sa propre position. L'éditeur me signifia que sa maison cesserait de me publier le mois suivant.

Au fond de la bâtisse provinciale où je vivais déjà dans le froid et la solitude, j'accueillis la nouvelle comme l'annonce d'un deuil, et je dus m'habituer à l'incertitude du lendemain. La meilleure méthode était de vivre comme si chaque jour devait être le premier de quelque chose. Je crois aux recommencements, à la rédemption, à la vie éternelle. Après avoir rédigé, pour subsister, pendant les années McCarthy que connut la France à la fin du XXe siècle et dont elle sortira peut-être en 2017, une vingtaine de traductions de l'anglais, je m'infligeai la honte de passer un nouveau test auprès d'un éditeur spécialisé. L'idée de réclamer une indemnité de chômage ne me vint pas, surtout que je n'y avais pas droit. En revanche, je m'attachai à tout ce qui prit vers moi le train du hasard. Je relevai dix fois par jour mes courriers électroniques. Au temps du facteur, j'aimais déjà les lettres de lecteurs, les cartes qui dont l'en-tête occupait la moitié de l'espace libre, à force de décorations et de titres divers. L'auteur m'écrivait toujours des choses du genre : « en tant qu'inspecteur général de l'académie de Dijon, j'ai aimé votre chronique du 28 mars ». Ou : « Général Raymond Machin, ancien commandant en chef », etc. Je retrouve encore ces cartes sur mon bureau, elles me servent de soucoupe pour le café. Peu de femmes, mais y a-t-il lieu de s'en étonner et surtout dois-je m'en plaindre ? En tout cas, l'apparition des courriers électroniques aura réduit au silence toute cette partie galonnée de la population pendant qu'une autre découvrait les avantages de l'email et de l'arrosage automatique.

Une circulaire me fut envoyée cet été-là par internet. Une bibliothécaire de Namibie cherchait des écrivains assez désœuvrés pour consentir à faire dix heures d'avion afin de prononcer une conférence au bord du désert.

Camus qui reçut la même invitation ne daigna pas y répondre. Non qu'il réprouvât ces voyages idiots, il rentrait de Corée, invité dans des conditions identiques. Il se trouve seulement que la fille commençait sa lettre par *Bonjour*. Camus trouvait cela vulgaire. Il y a chez Renaud Camus un côté comte de Chambord. Dieu sait quelles occasions il aura ratées faute d'avoir toléré le moindre commerce avec les gens vulgaires. Quant à moi qui n'ai pas régné davantage, mais qui n'ai pas perdu tout espoir, je m'envolai le cœur en berne vers Johannesburg, puis vers Windhoek où le directeur de l'Institut m'accueillit en personne.

C'était un jeune homme très vif, très actif, très ironique qui passait la moitié de ses journées à cheval. Il m'inspira l'idée de me porter candidat au même genre d'exil. Son métier consistait à honorer les Bouguereau, les Sully Prudhomme, les Homais de la modernité française sur ordre du ministère des Affaires étrangères et devant un public affublé de *T-shirts* Bob Marley. En attendant, je prononçai chez lui une conférence sur Marcel Proust en anglais, car de son propre aveu le niveau de l'auditoire en français était trop faible pour m'entendre autrement.

De retour à Paris, convaincu que j'avais quelques chances d'échapper à la déchéance en feignant pour un temps d'ignorer celle de mon pays, c'est-à-dire d'admirer publiquement l'œuvre de Sartre, Bourdieu, Derrida, Althusser, dans l'un des établissements français situés en terre étrangère, je réclamai le secours d'une amie qui travaillait auprès du Premier ministre, puis je sollicitai, explicitement, ma nomination à la tête de l'institut de Milan, une ville que je connaissais pour y avoir suivi les traces de Léonard. L'institut se trouvait de surcroît face au couvent Santa Maria delle Grazie, celui de la dernière Cène, où j'avais rôdé souvent. Le poste était libre et surtout il m'éloignait à peine de la Savoie de mon enfance. Par un phénomène assez peu miraculeux, on me l'offrit.

C'est ainsi que j'empruntai un jour la sortie Novara Ouest de l'autoroute Turin-Venise, pour me recueillir, par hasard, devant la cathédrale San Gaudenzio de Novara, à l'instant de m'établir en Italie.

Ce dôme étroit dont les minces colonnes augmentaient les proportions, ce monument modeste qui donnait une émouvante illusion de majesté, fut le confident de ma dernière hésitation. Quelques heures avant de rejoindre le poste que j'avais réclamé, je fis le vœu devant San Gaudenzio de revenir lui rendre grâce, régulièrement, s'il m'aidait à surmonter l'humiliation qui m'attendait. J'eus souvent l'occasion de tenir ma promesse.

Milan était l'un des plus gros postes européens. C'est sans aucune fierté que j'en mentionne l'importance, mais plutôt avec une frayeur rétrospective. La diplomatie culturelle française était une hydre malade dont les bras ne repoussaient plus depuis longtemps. Les instituts mouraient les uns après les autres. À Milan, la France ne versait qu'un vingtième de l'argent nécessaire. Pour vivre, l'Institut employait un bataillon de professeurs de français qui assuraient, outre leur propre salaire, celui d'une dizaine d'employés locaux. Une vingtaine de sociétés, généralement d'origine française, fournissait les ressources utiles à l'organisation d'expositions et de concerts.

À peine arrivé, c'est vers elles que l'on me conduisit. L'institut était en déficit, mais la priorité consistait à préserver, toutes autres affaires cessantes, toute promotion de la francophonie mise à part, le dixième des ressources qui servait à faire du culturel.

On me dressa un agenda de rendez-vous dans un restaurant du quartier. On m'envoya quémander auprès de sociétés de luxe, de pétroliers, de constructeurs d'automobiles, le renouvellement de leur contribution annuelle. Il ne s'agissait pas seulement de glisser des fiches sous mon coude avant le repas. Le personnel de direction avait visiblement plaisir à m'accompagner dans un restaurant où la terrine coûtait le salaire d'une journée de femme de ménage. J'eus beau m'étonner que nous dépensions ainsi, pour déjeuner, à trois, une partie non négligeable de la contribution de nos hôtes, on me répondit qu'il le fallait absolument pour flatter leur amour-propre.

L'une de mes collaboratrices se flattait en outre et visiblement d'être une intellectuelle mais sa culture datait de l'avant-veille. Incollable sur les trente personnes dont les magazines parisiens avaient vanté les mérites le mois précédent, elle parlait des « tendances », des choses « émergentes », des « moments forts », mais elle ignorait le reste et naturellement elle adorait Ségolène Royal, candidate à la présidence, dont j'ai eu l'occasion de dire à quel point elle avait épousé la superficialité générale jusqu'à en devenir l'emblème. De Giraudoux à Saint Louis, la France n'était, pour ce genre de femmes, qu'une marmite d'obscurantisme, généralement masculin, où surnageaient çà et là quelques notions comme des légumes. Profitant d'une longue période de vacance du poste dont je venais d'hériter, mon assistante zélée avait monté toute seule un projet d'exposition dont elle était très fière et qui consistait à présenter dans la vaste galerie de l'Institut l'œuvre de l'immortelle styliste, de l'ogresse vêtue de noir Andrée Putman, avec le concours de trois sociétés commerciales. Elle me réserva un billet d'avion pour Paris, afin que je l'accompagne chez cette papesse du *design* français dont elle griffonna l'adresse, en hâte, sur mon carnet en disant avec importance : « je prendrai l'avion la veille, j'ai des gens à voir au ministère ».

L'automne était avancé. Les librairies présentaient leurs nouveaux titres. Je publiais cette année-là une histoire de Budapest qui ne retint l'attention de personne. Mon cœur était serré par le doute à propos de la tâche idiote que j'avais acceptée. Par exemple, aller se présenter ainsi humblement, au fond d'un atelier parisien à une octogénaire qui dessinait des chaises, déployer, devant elle, le plan de la galerie, discuter sponsoring, assurances, catering, tout cela me parut d'une vanité au-dessus de mes forces. Je demandai au ciel de faire quelque chose pour épargner à un écrivain français dont le seul crime était d'être classé à droite ce désagrément et cette humiliation. Et s'il ne le pouvait pas, de lui donner au moins quelque motif d'espérer une rédemption, de lui adresser un signe de sa clémence.

Alors il se produisit une chose inimaginable. Parmi les milliers de rues, de ruelles, de jardins, de cours, de cloîtres, d'impasses que comptait Paris, à travers cette meule immense de fétus de paille, brilla soudain, pour moi seul, une aiguille. L'adresse inscrite sur mon carnet par ma commissaire d'exposition était le 83 de l'avenue Denfert Rochereau, où j'avais passé deux années de ma jeunesse, celles où j'étudiais la sculpture aux Beaux-arts en rupture avec ma famille, sans argent, livré au doute, au froid, au mépris de la caste dont j'étais issu. J'avais vécu là dans huit mètres carrés grâce à la bonté d'un vieux juge qui habitait à l'étage inférieur et qui garnissait mon frigidaire. C'est donc là qu'Andrée Putman avait installé ses bureaux et son atelier.

L'odeur n'avait pas changé. On traversait un jardin sur une ruelle pavée, au fond trônait une villa que la *designeuse* avait redessinée pour y loger sa clientèle, au sens romain : des jeunes gens vêtus de noir, approbateurs, délicats, surpayés et attentifs à ses caprices. On parla budget, surface utile, assurances, on visita le musée, on répéta que l'argent n'était « absolument pas un problème », et pendant cette réunion de parvenus, présidée par une Belphégor en pantalon noir, qui jonglait avec le budget com' des maisons de champagne, je regardais mon double, la silhouette de ma propre jeunesse penchée à la fenêtre d'en face, qui me saluait à travers le jardin du temps, et qui me disait « patience ».

Ce qu'il advint de cette exposition est simple à résumer : rien du tout. Le projet occupa en vain les esprits de mon équipe pendant quatre ou cinq mois, déplaça plusieurs fois cinq personnes qui prirent des mesures sous les voûtes de huit mètres et qui dessinèrent une montgolfière aux armes d'une maison de luxe, en disant vous allez voir et en pianotant d'un air plein de promesses sur leur téléphone blackberry. De son côté mon employée m'as-tu-vu qui avait toujours des gens à voir au ministère et qui avait fait mystère de son « montage financier », dut avouer, devant le port, que son navire était en train de couler. La société commerciale qui soutenait ce projet d'exposition, un vulgaire fabricant de canapés, se retira effrayée par les caprices d'Andrée Putman, laquelle avait imaginé en toute modestie de présenter une reconstitution de sa chambre à coucher, en accrochant des dessins de Max Ernst impossibles à assurer. Les limites d'un système où l'on demande aux sociétés commerciales de payer pour ce genre de personnages ivres d'eux-mêmes venaient d'être atteintes sous mes yeux.

Le bilan de l'exercice accusait de surcroît cette année-là un déficit honteux. Je réunis les employés pour leur dire : « assez de présomptions, de dépenses inutiles, de déjeuners dans les restaurants de luxe, d'allers et retours en avion vers Paris pour une galeriste, ses amis, leurs gitons ou leur mère, assez de brochures imprimées sur papier-miroir, assez de vocabulaire moliéresque autour de l'art contemporain. Finies les *propositions intéressantes*, les *interrogations vigilantes*, les *décontextualisations*, restaurons l'équilibre de la maison et décrétons que la mission du Centre culturel sera de faire aimer la France, donc d'écouter les gens qui l'aiment, ses clients en somme, pour savoir ce qu'ils veulent, ce qui est la base de tout commerce ».

Une onde de désapprobation traversa la réunion, car pour les théoriciens de l'influence française à l'étranger, notre pays se devait de tenir son rang en organisant des opérations artistiques toujours déficitaires, en promouvant la Diversité, le « vivre-ensemble », bref le modèle français comme l'avait recommandé le ministère, et en enjambant sa clientèle ordinaire pour s'adresser à l'ensemble de l'Europe, car l'objectif avoué de l'ambassade et des quatre prétentieux qui décidaient de tout cela à Paris était de transformer ces modestes maisons d'apprentissage de la langue et de la culture française en « opérateurs d'art contemporain au niveau européen ». D'ailleurs le renversement des priorités se manifestait dans les textes eux-mêmes, les courriers électroniques, les conventions et les contrats d'honoraires, tout était rédigé par des analphabètes. On voyait bien que la langue française n'était plus l'alpha et l'oméga. Quand les professeurs du Centre, une quarantaine, m'adressaient leurs doléances au nom de la pédagogie du français, c'était toujours avec des fautes d'orthographe épouvantables. En outre leur thème favori était : « nous en avons assez d'assurer le chiffre d'affaires de cet établissement pour qu'il soit dilapidé par des opérations d'art contemporain à la *mords-moi-le-nœud* ».

Le dernier artiste dont j'avais trouvé l'exposition en cours à mon arrivée se nommait Gréaud. Un électroencéphalogramme s'étalait sur quatre mètres de mur blanc. La lumière d'une ampoule posée par terre vacillait au rythme de la courbe. Quand je fis les honneurs du dispositif au président de la Banque Nationale de Paris pour la Lombardie qui nous donnait quelque argent, voyant la discrétion de son enthousiasme, je me penchai sur l'électroencéphalogramme à l'endroit où il frémissait légèrement et je lui dis : « ce pic correspond au moment où quelqu'un a prévenu l'artiste que son travail était grotesque ». L'œil du banquier brilla d'une satisfaction imprévue. C'était un homme droit et raffiné, qui me fit savoir après quelques jours que le montant de sa subvention annuelle à l'institut français serait augmenté.

Un autre entrepreneur consentit presque aussitôt à la même connivence, car ils se connaissaient tous.

Peu après l'ambassade souhaita me voir réclamer son soutien pour financer un cycle de théâtre contemporain (textes obscurs glapis par des acteurs en velours côtelé agrippés à quelque lutrin d'inox devant un parterre juvénile). Or que faisaient, pour se divertir, ce polytechnicien mécène et son entourage de patrons censés contribuer au financement du théâtre contemporain hors de nos frontières ?

Ils répétaient une pièce de boulevard, *Sexe, amour et jalousie*.

Le Quai d'Orsay debout contre l'intelligence

La grande difficulté, pour un écrivain si mal en cour qu'il doit gagner sa vie comme domestique, consiste à recevoir d'autres écrivains sans qu'ils lui tendent leur manteau.

Le ministère des Affaires étrangères désignait, chaque saison, des écrivains officiels, donc obligatoires, comme Jean Echenoz, qui fut un peu le Maxime Gorki de la France d'avant le désastre, et dont le profil de vieil étudiant figurait sur toutes ses brochures. L'ambassade prétendit me les envoyer de force. Mon adjoint recueillit leur manteau à ma place. Ces soirs-là, je conjurais la tentation de la rancœur en écrivant pour moi-même à la trattoria du coin, et en essayant de me convaincre que personne n'était mon ennemi. La traduction de mon dernier livre devait paraître à Rome. Je me disais que l'ambassade me témoignerait à cette occasion plus d'égards.

Mars arriva. Le bulletin mensuel des traductions édité par l'ambassade, un simple feuillet envoyé à travers le pays pour signaler la parution des livres d'origine française, ne mentionna pas le titre du mien. J'essayai de faire réparer cet oubli. La mention ne parut jamais.

Une revue littéraire de Padoue m'invita, un journaliste milanais m'interrogea. J'avais écrit un roman sur les années milanaises de Léonard, roman qui avait connu des ventes convenables en France. Ce roman était donc désormais traduit en Italien. Il se trouve qu'entre-temps j'avais pris la direction du Centre Culturel de Milan, situé en face de la *Dernière Cène* dans la ville que j'avais décrite au XVIe siècle. Il y avait certainement matière à organiser une conférence dont je ne pouvais pas prendre, moi-même, l'initiative.

Mais la France détourna les yeux. Soit ! me dis-je, puisque je suis trop négligeable pour faire l'objet d'une mention, fût-elle de politesse, trouvons quelqu'un à honorer qui soit connu en Italie, dont les opinions n'offensent personne et dont la presse française vante les mérites avec unanimité.

J'en trouvai un, Benoît Duteurtre. Ses livres me réjouissaient depuis longtemps, il était traduit à Milan, un éditeur italien l'avait pris sous son aile, je le pris sous la mienne. Il prit l'avion, répondit aux questions de la presse, et son livre fit l'objet de plusieurs articles.

Eh bien ! Le bulletin des parutions de l'Ambassade de France n'en fit pas mention non plus. Il ne faisait pas partie des auteurs recommandés par le ministère des Affaires étrangères à raison de leur conformité idéologique. La France culturelle officielle va systématiquement à l'encontre des choix de sa clientèle étrangère majoritaire pour communier, dans chaque pays, avec le journal qui représente plutôt la Gauche élitiste, soit le *Guardian* en Angleterre, la *Repubblica* en Italie. Quant aux éditeurs, c'est pareil. Les Affaires étrangères ont trois éditeurs français favoris, généralement ceux qui correspondent à la ligne socialiste depuis quarante ans quel que soit le régime. Certains livres auront beau s'être très bien vendus en France, ils ne seront ni promus ni achetés par les bibliothèques du réseau.

Il existe dans notre pays deux versants de la vie de l'esprit. Sur le premier se rassemblent les artistes, danseurs, théâtreux, romanciers, commentateurs qui ont recours à l'appui permanent de l'administration française. Sur l'autre s'accrochent ceux qui en sont dédaignés ou n'en ont pas besoin. À l'étranger, ceux qui n'ont pas besoin de la France sont grossièrement ceux qui la font vivre : on les traduit, leurs films ou leurs livres se vendent, donc le ministère des Affaires étrangères ne souhaite pas s'en occuper. Il répète à l'envi : « ils n'ont pas besoin de nous ». Il cherche plutôt à imposer ceux qui se disent rebelles, modernes, en rupture, en recherche, qui réinventent le langage tous les matins, qui composent des livres dont l'héroïne est une truie ou qui écrivent la vie de Maurice Ravel à l'aide d'un vocabulaire de quarante mots.

L'opération se solde presque toujours par un échec hors de nos frontières. Les lubies de l'intelligentsia parisienne sont très mal accueillies dans les capitales où nous prétendons donner des leçons de bon goût. En tout cas la presse italienne fut toujours rétive à donner pour un génie celui dont le seul mérite était de plaire à Saint-Germain-des-prés.

Le cinéaste Bruno Dumont, ange blond de l'indigence artistique francophone, faisait l'objet, à mon arrivée, d'un hommage planifié depuis longtemps. Le premier des films qui fut présenté sur l'écran de l'Institut se nommait *Flandre*, une fable sociale où l'on voyait des ouvriers agricoles improviser leur propre rôle de laissés pour compte. Ils s'engageaient pour l'Afghanistan, afin d'échapper à la nécessité de sceller, par le mariage, des relations amoureuses qui ne dépassaient jamais le genre *j'veux dire c'est clair*. Une fois devenus soldats dans la région de Kaboul, ils se livraient à une séance de viol collectif dans un village. Deux d'entre eux étaient émasculés puis tués par des Afghans en colère et le dernier revenait en France, amendé, pour épouser sa copine.

L'image de la France que nous infligions aux abonnés de notre petit cinéma milanais était donc très flatteuse. À ces gens qui versaient un chèque annuel pour entendre évoquer le pays de Voltaire, de Montmartre et d'Édith Piaf, nous infligions une autocritique à l'américaine, façon *the Deer hunter*, avec la mauvaise conscience des nations en déroute. Le dernier film de la série, que j'ai visionné avec une méfiance justifiée par son titre, se nommait *Twenty nine palms*. Il légitime la comparaison avec le cinéma américain puisqu'il s'y réfère et a été tourné là-bas. Un couple au bord de la rupture entreprend un voyage dans le désert, copule dans les motels, les buissons, à l'arrière de la voiture, dans un réalisme en tous points pornographique. À la fin, une bande de voyous les attrape. Elle leur fait subir un sanglant martyre avant de les tuer. Ce film financé par Hollywood, qui emprunte les sentiers rebattus de la névrose américaine, était donc présenté chez nous au nom de la France, sans avertissement aux mineurs, à grands frais car il fallait faire payer les copies par un Institut français déjà déficitaire.

C'est curieux, mais depuis l'enfance les gens qui jouent avec le sang, la violence, ceux qui se repaissent de l'humiliation et de la souffrance d'autrui dans les œuvres de l'esprit m'auront inspiré non de la crainte mais de la haine. La critique m'a souvent reproché mon côté imprécateur ; elle aurait dû parler d'exorcisme.

Je ne sais pas à quoi ressemble le diable, mais je sais ce qu'il veut et je reconnais ceux qu'il envoie.

Un matin de mai où la rotonde de Santa Maria delle Grazie brillait au coin de ma fenêtre, l'un de ses agents s'est assis dans mon bureau. Vêtu de noir, chauve, cinquante ans, un visage sans rides, sans sourcils, sans expression, sans pitié. La coupe de sa veste élargissait ses épaules. Il avait de belles mains qu'il lavait certainement très souvent. Sa visite m'avait été annoncée par une lettre de l'ambassade de Rome, signée de l'attaché culturel. L'ambassade romaine n'avait aucune entrée chez le diable, mais elle lui livrait passage. Ainsi de ce jeune attaché dont le vocabulaire respirait la plus grande, la plus opiniâtre servilité à l'égard de la machine à broyer. À broyer quoi ? Le langage, pour commencer. Ce n'étaient que « plasticiens en résidence » (jeunes gens couverts de chiffons noirs et portant un anneau d'argent à l'oreille), « propositions surprenantes » (n'importe quelle lubie portant le sceau contemporain), « réappropriation de l'espace » (version scénique des squats de Montreuil), « détournement fonctionnel » (comment transformer une tondeuse en lampadaire au nom du *design*).

Le spectacle de mon hôte avait donc la faveur de l'attaché. Et à travers lui de l'ambassade romaine. Il avait été présenté, me dit-on, avec un immense succès dans une ancienne prison de la ville, San Michele. On me pria d'aider au montage d'une nouvelle édition à Milan, à Padoue, à Venise et de permettre à cet artiste, Frattaroli, dont l'ambassade suivait depuis longtemps le travail, de « conquérir de nouveaux publics ». Le type était italien, ne connaissait pas le français, mais le lien qu'il avait avec la France tenait au contenu de sa production : il s'agissait d'un montage théâtral écœurant sur Sade.

Dans ma génération quand on entend ce nom on se souvient des anarchistes qui débarquaient sur le plateau de l'émission *Droit de réponse* pour parler du divin marquis en psychanalystes, on revoit des extraits de mises en scène du genre théâtre de la Huchette. On voit une silhouette derrière des barreaux qui déclame ses fantasmes pour effrayer le bourgeois. Eh bien cette fois, théâtralement, mon visiteur était dans le délire psychotique, le passage à l'acte, la catharsis. En me quittant, il me laissa un disque dont je visionnai le contenu, stupéfait : il jouait lui-même le rôle du démon dans cette production à grand spectacle, l'ordonnateur des tortures infligées à ses personnages, c'était lui.

Oui, le type qui sortait à peine de mon bureau avec son air de décorateur sado-maso, et qui devait être en train d'enfourcher sa Harley au pied de l'immeuble, traversait la scène dans la lumière du projecteur en arrachant la soutane d'un prêtre qu'il faisait pendre nu par les pieds, qu'il faisait lier sur une chaise pour l'accoupler, de force, à une religieuse. Le sang coulait, la scène était envahie de comparses et de vestales, de victimes collatérales, les lieux lugubres balayés de lumières bleues révélaient des cascades de grilles Renaissance dans le goût du Piranèse. Derrière le halo sur les gradins de bois j'imaginais notre génie d'ambassadeur, au premier rang, flanqué de son attaché ondoyant, huileux, coiffé comme Gontran, le cousin de Donald, celui qui a de la chance au jeu.

Ce dernier, dont la présence à moins de trente ans dans la diplomatie française s'expliquait par le fait qu'il possédait la carte du parti gaulliste, disait à tout monde, en gloussant derrière sa cravate mauve, qu'il s'agissait d'un « travail sur les codes ».

Je n'ai pas discerné le travail sur les codes, la part de jeu, le signifiant, le côté Wilhelm Reich. J'ai vu du sang qui coulait. J'ai vu des corps nus qui se tordaient sur un chevalet de torture, des symboles religieux retournés détournés par la sexualité la plus noire. Et au milieu de ce tableau, j'ai vu un cinglé torse nu, financé, promu, encouragé par la France, c'est-à-dire par les impôts de l'infirmière de Châteauroux, un Méphisto qui traversait l'espace scénique le doigt en l'air en expliquant que sa liberté passait par la négation de celle d'autrui et la transgression de la prétendue harmonie naturelle. D'ailleurs le spectacle s'appelait *Contra naturam*.

J'eus l'intuition qu'une telle suffisance dans la perversion ne se contenterait pas d'une représentation çà et là dans une ville italienne avec le soutien des Français. Ce Frattaroli devait avoir consigné des extraits de son spectacle quelque part sur internet : intuition vérifiée qui m'inspira le projet d'envoyer une lettre à Catherine Pégard, une amie qui travaillait à l'Élysée, pour me plaindre de ce que la France essayât, par mon intermédiaire, de promouvoir une ignominie pareille, obligation dont j'étais d'ailleurs résolu à m'affranchir publiquement si quelqu'un osait me l'imposer davantage. Je joignis la référence des sites où l'on pouvait voir le spectacle. La production avait trouvé expédient d'en livrer une douzaine d'extraits sans censure préalable.

Cette sanglante pornographie était à la portée du premier crétin venu, donc des services du quai d'Orsay. Je ne reçus aucune réponse. Toutefois l'ambassade romaine cessa d'insister pour que je fasse monter le spectacle.

La passivité de nos contemporains à l'égard de la cruauté et de la violence m'aura inspiré en pure perte de nombreuses réflexions publiques. La complicité de la France dans la défaite de l'humanisme m'a toujours semblée parallèle à l'avènement récent d'un capitalisme affranchi de toute référence à la morale chrétienne, c'est-à-dire indécent, darwinien, où les pauvres n'ont qu'à tuer s'ils ne veulent pas être mangés. La plupart du temps mes réflexions sur cette question ne m'auront valu que le soupçon de fascisme. Quand je me penchais vers quelque personnalité politique sur un plateau de télévision pour lui demander comment on pouvait tolérer l'importation et la vente de jeux vidéo où des enfants de treize ans étaient invités à contraindre des femmes à la prostitution, à exterminer des civils, la réaction aura toujours été de me prendre, moi, pour un ennemi de la liberté. Depuis cinquante ans ceux qui se disent ses amis nous préparent une Saint Barthélemy. Elle se rapproche, elle devient imminente. Le peuple est fasciné par ses prédateurs. Il préfère toujours blâmer ceux qui sonnent le tocsin. L'imaginaire officiel a tourné infâme comme eût dit Céline, la marge a envahi le cahier, la torture, la mutilation, la menace, l'extorsion sont devenues un genre littéraire, la fiction au cinéma n'est plus qu'une usine à suspense, un creuset de terreur et de laideur.

Le terme de cette évolution fut atteint à la fin du XXe siècle où les télévisions de tout le monde développé présentaient deux fois par semaine des fictions de médecine légale. L'obsession occidentale est devenue le *serial killer* tout comme du celle XIXe siècle était le frisson de la luxure. La référence à la brutalité, au sang versé, est devenue le sommet du chic en Europe et par opportunisme commercial l'art qu'on appelle *contemporain* s'en est saisi pour rester *trendy*, ce qui me plaça très vite dans une position inconfortable. Je me vis obligé de naviguer dans ces eaux fétides en tant que capitaine. Milan est l'une des villes les plus sensibles à ce qui se fait. Quand la mode est à la laideur morale, il faut investir là-dedans malgré ses préventions. L'un des grands festivals de la ville à qui nous donnions quelque argent publia un catalogue où l'on voyait une femme en robe du soir couverte d'un masque sado-maso et brandissant un 357 magnum. Je me refusai à financer cet imaginaire au nom de la France et de nos compatriotes, la majorité, qui ont une morale aussi clémente que la mienne. Ils seraient stupéfaits d'apprendre qu'une partie de leur argent promeut ce qui leur donne la nausée.

Réaction unanime de mes propres employés : c'est du populisme et mon discours est fascisant. Résumons : le refus de flatter dans les productions de l'esprit ce qui est dégradant pour l'homme, par exemple les films où un assassin dit à sa future victime : « je vais te découper en morceaux et te faire bouillir » (*Les mois d'avril sont meurtriers*, Laurent Heynemann, d'après un livre de Robin Cook), ce souci de la dignité, de la compassion et de la sagesse passe pour moralisateur, c'est-à-dire éloigné de l'art. En revanche tout ce qui s'en affranchit, tout ce qui choque, blesse, effraie, dérange, doit être placé sur un piédestal et devenir obligatoire. Les auteurs de tels livres doivent finir jurés littéraires.

À ce compte-là il est facile de rester dans le coup et de pallier une absence de culture, de jugement, de perspective morale, lorsque l'on se penche sur une œuvre d'art. Il suffit de prendre le contre-pied de ce qui semble établi et de donner pour génial ce qui n'a jamais été fait. Quand on suppute le nombre immense des stupidités et des cruautés auxquelles personne n'a encore songé, on peut être confiant quant au destin de l'art moderne, mais quant au nôtre un peu moins.

Plaisanterie à part, on comprend mieux pourquoi des caractères aussi incertains, envieux et mal construits que celui de mon employée milanaise arrivent à faire illusion dans la vie culturelle. La référence au passé suppose qu'on en ait un, or elle rappelait à mots couverts que sa famille était sans mémoire, non qu'elle le regrettât officiellement, au contraire, elle se voyait plutôt pionnière, à travers elle se dessinait le monde futur rédempteur et universellement métissé. Ce qui est frappant dans l'ivresse d'explication, de rééducation, de normalisation qui aura traversé tout le XXe siècle, c'est la volonté opiniâtre, méthodique, scientifique, de disqualifier un ordre social dont on n'est pas issu, de flétrir une esthétique dont on n'est pas l'héritier, de mépriser une tradition qui vous est étrangère. Mon prédécesseur au poste que j'occupais avait donné, à cœur et à fonds perdus, dans la négation systématique de ce qu'on appelle le bon ton. Toutes les publications de la maison portaient la marque de cet affranchissement des règles. Les majuscules avaient disparu, le lettrage était illisible, la mise en page floue, l'illustration énorme ou minuscule, les couleurs rose, turquoise évoquaient les statues de la vierge immaculée qu'on vend dans les boutiques de Lourdes, le papier de cent trente grammes ultra brillant contenait des graffitis soulignés d'or et des jugements de sommités parisiennes, recueillis par téléphone, émaillaient ces pages dans le genre : « cette expo est totalement *groove* ». En musique, il avait relégué Édith Piaf, Aznavour et Charles Trenet dans l'enfer de la bibliothèque de prêt pour promouvoir la *world music*, Sinclair et Pierre Boulez. Dans les couloirs de notre cloître du XVIIIe, il avait fait installer du mobilier en *plexiglas* qui pesait trois cents kilos pour y apposer une signalétique de cabinet d'architecte, calquée sur l'esthétique en vogue à Beaubourg : illisible, toute en minuscule, en caractères de machine à écrire. Quant aux événements culturels, sa haine du passé se manifestait en toute occasion, les festivals de musique d'orgue et les récitals de piano étaient dédaignés au profit d'artistes sans humour dont il m'aura infligé un spécimen dès mon arrivée, où j'héritai pendant quelques mois d'une programmation déjà établie. Elle commença par une conférence-débat sur l'œuvre, le rayonnement et la descendance d'un compositeur hongrois nommé Kurtàg, lequel s'était déplacé avec son fils, sa petite fille et deux amis italiens, pour une conférence projection où nous étions quatre, dans une salle de cent places, sans compter la famille. Je prononçai deux phrases de bienvenue pleines d'embarras comme on l'imagine. Nous assistâmes à la projection d'un documentaire sur l'œuvre du septuagénaire, toute en *glissendi*, *tic-toc* et miaulements en ut majeur. Pour clôturer cette après-midi récréative, la petite-fille, vidéaste établie à Berlin, nous présenta un film de huit minutes qui montrait la pluie sur une flaque d'eau.

Les secrétaires de direction de Montbéliard, les garagistes d'Arras, les agriculteurs du Cantal, financent par leurs impôts ce genre d'événements. Je ne sais si c'est une chose bonne ou une mauvaise, mais la moindre est qu'ils le sachent.

Au chapitre du renversement des évidences et du contre-pied des choses établies, de l'officialité conférée à ce qui constitue la marge, l'exception, l'anomalie, il est bon de participer à des festivals gay et lesbiens où tout le monde s'appelle *ciccia* (ma grosse), et d'envoyer des invitations à Paris dans les moindres lieux à la mode afin de témoigner que l'on imprime à la vie culturelle locale une touche de perversion. Quelques années plus tard, en Espagne, j'assistai à l'avènement officiel de ce principe, au triomphe du *ça* psychanalytique puisque toutes les manifestations culturelles patronnées par l'ambassadeur furent réunies par une marque déposée, *Démon ou le monde à l'envers.*

En tout cas dans la pensée française et les affaires culturelles, le retournement du monde bat son plein depuis des lustres. Lorsque je mesurai les efforts accomplis par les Français dans les villes de Lombardie pour rééduquer les populations locales au nom de la coopération linguistique, je compris pourquoi les Italiens nous accueillaient en haussant les épaules. Le ministère envoyait pérorer devant les classes bilingues de Milan Vérone, Padoue, Trieste, des auteurs de bande dessinée dans le genre *kiffe ta meuf* ou des auteurs de courts-métrages contre le racisme qui portaient les tampons de la France fière d'elle-même, de son intégration, de son ineffable modèle social, celui qui est en train de nous mener au désastre. Aucun document officiel, aucune brochure ne s'écartait de la règle qui voulait que la culture française fût un *cocktail.* La première précaution consistait à écarter le pays de ses origines en reléguant son histoire au rang de patrimoine. Je fus donc invité, dès mon recrutement dans l'armée des fonctionnaires de l'esprit, à établir une distinction entre culture patrimoniale et culture tout court. Une fois coupé ce cordon indésirable, la culture française privée de ses ressources immunitaires pouvait tolérer la seconde partie du traitement, laquelle consistait à rappeler sans cesse les apports dont elle avait bénéficié et les mélanges dont tout art digne de ce nom devait pouvoir faire état. Entre deux spectacles, l'un entièrement breton et l'autre qui se dirait revisité par le rock le tango et une pointe de reggae, le cœur du diplomate culturel ne devait point balancer : foin de tradition, donnons dans le mix, le groove et le sampling. Le seul ennui est que chaque matin, sur mon bureau, s'empilaient les propositions d'hommages ou de célébrations du genre « cent cinquantenaire de Solferino », « Cercle des études stendhaliennes », « Association des amis de Cocteau en Lombardie », que mon obligation était de repousser parce que les amis de l'ambassadeur et les tartuffes parisiens de la culture mondialisée voulaient promouvoir Daniel Buren auprès des élèves du Politecnico. Oui, Daniel Buren, expert en paradoxes visuels et accessoirement en gaspillage d'argent public, nous fut envoyé pour une conférence, entendez un *PowerPoint* hésitant et cafardeux, dans un auditorium de mille places. Devant un parterre de jeunes gens acquis à sa cause, il commenta sans génie, pendant deux heures, les diapositives de ses interventions à travers le monde, et l'on vit bien que son principal sujet de fierté était d'avoir monté un dispositif au Metropolitan à New York. Les jeunes branchés italiens étaient venus le féliciter d'avoir plu à leurs maîtres américains.

Pour ma part, en allant contrôler notre bureau de Venise, je songeais plutôt à ce petit éditeur de Sesto San Giovanni qui traduisait Valéry Larbaud, à ces jeunes gens de Parme qui m'ont poursuivi pour me montrer leurs lettres de Cocteau, et aux artisans du Baroque qui, pendant un siècle, étaient venus du val Sesia pour décorer les églises de Savoie et à qui j'aurais aimé offrir une exposition. Les flèches des cathédrales saluaient mon passage avec une sorte d'impassible ironie. Qu'était-il arrivé pour qu'en moins d'un siècle le pays le plus doux de la terre se soit transformé en cette annexe sinistre de la banlieue de Boston avec ses *factory outlets*, ses camions par milliers, ses pavillons du XVIIe perdus entre deux aires d'autoroute, ses fermes monumentales aux fenêtres crevées, aux façades ouvertes, livrées aux graffitis, aux sureaux et aux hordes de corbeaux ? Il était arrivé que le pays avait été mis à l'encan par la machine internationale, et surtout la ville de Venise où fleurissaient, lors de la biennale, des graffitis aussitôt effacés qui disaient : « c'est notre ville ici, ce n'est pas le paillasson du monde entier ». Hélas, ce sont notamment des Français qui ont piétiné le paillasson vénitien. Le rachat de la Douane de mer et l'évidement du palais Grassi par un nabab parisien du luxe n'y ont pas été étrangers.

À plat ventre devant le Commerce

L'institut de Milan décernait chaque année un prix du mécénat d'entreprise et je venais d'aviser le directeur de la BNP qu'il serait notre lauréat de l'année, afin qu'il nous réserve sa soirée.

Deux jours avant le dîner, l'ambassade me signifia qu'elle souhaitait plutôt distinguer l'entrepreneur François Pinault pour des raisons faciles à résumer : tout le monde en France était à plat ventre devant ce type au sourire de notaire. L'ambassadeur faisait donc comme tout le monde.

Pour ma part, assez mécontent tout de même d'avoir dû arracher cette récompense au banquier que j'avais pressenti pour la recevoir, j'annonçai que le trophée cesserait de s'appeler « Prix de l'Institut français » et je me refusai à tendre en personne la statuette de cristal à ce Pinault qu'on m'avait imposé. De toute façon, il avait fait annoncer dès le début qu'il ne viendrait pas, ce qui simplifia les choses. Il délégua la directrice de sa fondation à qui, le jour venu, en montant sur l'estrade, je précisai que l'ambassadeur me priait de remettre ce trophée, réalisé par Lalique, au nom de l'ambassade de Rome et non du centre culturel de Milan. Elle le brandit devant les photographes d'un geste bref, désinvolte, qui semblait s'excuser de mériter un honneur aussi dérisoire. Elle me le rendit aussitôt en coulisses en disant : « vous trouverez bien une occasion de m'apporter ce machin à Venise », me prenant pour le laquais que j'étais visiblement devenu.

La France disposait encore, près du Rialto, d'un appartement consulaire où je débarquai quinze jours plus tard. Je déposai la statuette au secrétariat du palazzo Grassi, où je m'étais fait annoncer à Jean-Jacques Aillagon, qui ne me reçut même pas. Il ne reçoit que les gens utiles à sa carrière, comme peuvent l'attester ceux, innombrables, qu'il a rayés de son carnet d'adresses.

Chaque fois qu'une grossièreté de ce genre m'était infligée, je murmurais pratiquement les termes du récit que j'allais en tirer.

En quittant le palazzo Grassi, je jetai un œil consterné sur une sculpture en inox qui faisait pouffer les touristes au bord du Grand canal, puis je croisai Philippe Sollers, l'araignée de chez Gallimard, précédé par une équipe de la télévision française et qui roulait des yeux à la Malraux dans les ruelles.

Cette rencontre m'inspira de rallumer la guerre picrocholine autour de l'affaire Camus et d'annoncer la visite à Milan de l'écrivain maudit. Dans la grande salle voûtée de l'ambassade de France à Rome, au palais Farnèse où il faisait presque froid même en été, il fallut voir les réactions gênées, apeurées, indignées des autres directeurs de centres culturels que je ne saurais appeler sans déchoir mes collègues. Leur réprobation se manifesta dans un style XXIIIe Congrès du parti communiste. Il s'agissait avant tout de montrer une allégeance hâtive à la coalition des censeurs, des vigilants, des tartuffes contre ce Renaud Camus, écrivain réactionnaire, prétendument antisémite, accusation qui permet de faire trébucher en trois semaines et en toute impunité celui dont on jalouse le talent et qui doit en baver pour payer sa postérité.

L'ambassadeur, affolé, avec sa mine de curé qui vient de rater une marche pendant l'offertoire me dit : « euh bon, il faut qu'on en discute ».

Le conseiller culturel lui expliqua que discuter ne servirait à rien. J'étais fort capable de faire du scandale, de dire qu'on voulait m'empêcher de recevoir un écrivain français dans un établissement culturel français, et que c'était embêtant. Alors il trouva un argument selon lequel Camus « n'avait pas d'actualité ». Hélas le sort voulut qu'un éditeur de l'Aquila fût justement en train de traduire l'un de ses livres. L'ambassadeur se tut, ou plutôt, tout en se taisant officiellement, me signifia le mépris qu'il avait pour les parachutés comme moi qui n'appartenaient pas au réseau, dont ce n'était pas la vocation, qui n'avaient aucun sens de la hiérarchie et qui étaient insensibles aux menaces de représailles puisqu'ils n'entendaient pas faire carrière dans la diplomatie. Je répondis à ce diplomate zélé qu'il avait entièrement raison, et puisqu'il me signifiait en somme que j'étais sous surveillance, je tenais à lui dire que lui aussi.

Camus vint à Milan, prononça une conférence, déclama, glapit, hulula l'un de ses textes comme il avait accoutumé, et rentra chez lui fébrile mais content. Du coup j'allai voir Frédéric Mitterrand, nouvellement nommé directeur de la villa Médicis, afin de le convaincre qu'il serait bien inspiré d'organiser une deuxième visite de Camus à Rome. Mitterrand-le-Petit prit son sourire patelin de grand ami de l'intelligence, en léger contentieux toutefois avec le courage, et me dit : « mais bien entendu parce que c'est toi, parce que c'est lui ».

Quelques mois plus tard, il lui offrit l'hospitalité à ma demande, mais en précisant qu'il était exclu de prononcer une conférence villa Médicis, et Camus renonça au voyage entier en me disant qu'il n'avait pas l'habitude de forcer la main de ses hôtes.

L'ambassade, le palais Farnèse, sorte de principauté française au cœur de Rome, comme la villa Médicis elle-même, mais en plus maudit, en plus funèbre, en plus damné, m'aura toujours infligé un malaise d'exorciste. À vingt ans, le hasard voulut que je fréquente de près le prieur d'un couvent du Latium et un cardinal de ses amis, deux hommes âgés délicieux, lettrés, qui sentaient l'eau de Cologne, le vieux livre et le cierge éteint, enfin, à demi éteint, je ne sais si l'on m'entend. L'un comme l'autre, c'est curieux, haïssaient le palais Farnèse comme s'il portait malheur. Quelques années plus tard, le père de l'un de mes amis, Jacques Andréani, y fut nommé ambassadeur. Mais comme il était divorcé et en termes un peu froids avec son fils, les lieux gardèrent dans mon imagination leur côté funeste et inaccessible. Le comble de la prévention fut donc atteint pendant les trois années que je passai à Milan, période pendant laquelle il était obligatoire de participer, quatre fois l'an, sous les voûtes du Farnèse, à des réunions où mes homologues se flattaient de recevoir tel ou tel écrivain très en cour, quand pour ma part j'avais tant de mal à conserver le simple statut d'artiste et à garder un éditeur.

Le poste que j'occupais était doublé de ce que la machine administrative française appelait un attaché de coopération. C'était une sorte d'agrégé aux épaules étroites qui multipliait les notes de frais et qui passait son temps dans les restaurants de la Vénétie à promener des auteurs dont on disait grand bien chez Sonia

Rykiel. Il faut savoir qu'à l'époque la réputation des écrivains se décidait dans les maisons de couture.

Par faiblesse et par ignorance, je consentis à recevoir l'un d'eux qui se nommait Tanguy Viel. C'était un jeune homme haineux qui écrivait des récits très méchants sur la province bretonne où il avait grandi. Il en décrivait les turpitudes avec délectation. Ses histoires qui hésitaient entre le cinéma américain et le sordide de Chabrol étaient écrites du pied gauche, mais il avait le sens du récit. Le livre dont il assurait la promotion en Italie se nommait *Insoupçonnable*, joli titre pour un roman détestable qui mettait aux prises un jeune couple désargenté avec deux frères quinquagénaires de la haute bourgeoisie rennaise. La fille se faisait épouser par l'aîné avant de le tuer, pour raisons crapuleuses mais pas seulement, elle agissait envers lui de manière impitoyable, la scène était décrite avec la pire des cruautés, celle qui humilie la victime en l'obligeant à supplier, en vain, pour qu'on l'épargne. L'auteur jouissait de ses pleurs, il épousait la folie de l'assassin et surtout sa haine sociale. La lutte des classes était le point G de son imagination comme d'ailleurs dans la plupart des romans contemporains. La presse ne promeut que ceux-là. La jeunesse ne peut plus écrire autre chose, sans quoi personne ne parle du livre.

Après une conférence entièrement dépourvue d'humour où ce Viel répondit aux questions en nous parlant doctement de ses *thèmes*, nous allâmes dîner avec l'éditeur et mon adjoint aux frais de l'État français, dans un restaurant où je subis des plaisanteries du genre : « Vous avez une tête à voter Sarkozy ». Je lui fis comprendre que j'avais surtout un caractère à me dispenser de finir ce repas face à deux crétins qui s'entendaient très bien sans moi. Mais comme l'éditeur avait besoin de l'Institut et de ses locaux pour je ne sais quelle opération future, les choses en restèrent là.

Le sujet Sarkozy, en revanche, continua de plomber les conversations dans ce milieu pendant plusieurs années, révélant le défaut absolu de loyalisme des fonctionnaires devant le pouvoir quand ils ne l'approuvent pas.

Sous le plafond des Carracci au palais Farnèse, pendant les dîners assis, on parla souvent du *nabot* à table, une table qui réunissait le proviseur du lycée français, des attachés de coopération, des autorités de toute sorte. À l'occasion, je marquais un léger raidissement avant la bouchée suivante pour dire à ma voisine : « le *nabot* ? Vous faites sans doute allusion au Président de la République, la République française, celle qui vous nourrit ce soir de homard thermidor et de canapés truffés sous le plus beau plafond d'Italie ? ». Le regard de l'idiote tombait généralement sur ma rosette d'officier des Arts et lettres, que je portais exprès lors des dîners en *jeans*, et je la voyais pâlir à l'idée que j'allais la dénoncer à la police politique gaulliste à Paris, d'autant qu'elle apprenait rapidement, en parlant dans mon dos avec son autre voisin, que j'avais invité Coûteaux à faire une conférence à Milan, vous vous rendez compte ?

Ce Paul-Marie Coûteaux, que j'avais fréquenté à Sciences Po du temps du Hollande à cheveux dans le cou, était alors député européen. Il avait un grand cheval de bataille, la francophonie en Europe, sujet sur lequel il est venu prononcer une conférence, mais son gaullisme « de droite » était si mal vu que mon initiative avait paru monstrueuse. Du coup l'ambassadeur avait fort insisté, dans son rapport à mon sujet, pour que je n'aie pas d'autre poste dans le réseau français à l'étranger, et pour que l'expérience s'arrête là, mais je n'en avais cure.

Pourquoi ? Avais-je donc retrouvé un salaire, une faveur, une renommée quelque part ? Non, mais c'était en cours. J'allais redevenir écrivain, et même avec éclat. Je venais de composer la moitié d'un gros livre que j'avais envoyé à Roberts, lequel dirigeait désormais la maison Stock. Ma secrétaire un matin me signifia qu'elle était contente de me voir, car ce M. Roberts voulait absolument mon numéro de téléphone portable, qu'elle n'avait pas voulu lui donner. Roberts que j'appelai me dit : « ton livre me plaît, c'est très fort, très maîtrisé, très brutal en même temps, formidable ». Il me « signait » tout de suite, il me donnait de quoi vivre l'an prochain, il n'en revenait pas, il était « scotché ». Le tout d'un ton sinistre comme tous les gens qui surjouent l'enthousiasme à gauche à propos du talent d'autrui, sur le mode « putain alors là j'te jure tu m'as tué ».

On convint que j'irais le voir pour signer un mois plus tard, puisque je devais faire étape à Paris, et après quelques semaines rendez-vous fut pris au bar de l'hôtel Scribe qui était alors son adresse socialiste favorite. Entre-temps je m'arrangeai pour lui envoyer une centaine de pages supplémentaires qui retraçaient la suite des aventures mondaines de mon héros, on le voyait rôder d'alcôves en rédactions, il était chroniqueur théâtral dans un quotidien, et surtout il fréquentait avec cynisme cette plèbe artistique à qui ses convictions tenaient lieu de talent, et qui posait avec les couturiers au Festival de Cannes.

Hélas, c'était exactement le milieu que fréquentait Roberts. Il n'en faisait même pas mystère, puisque peu après il écrivit un livre pour défendre François-Marie

Banier, ce qui est tout à son honneur, mais je n'avais pas suivi, infortuné et imprudent que j'étais, son évolution dans le Paris qui compte, et surtout celui qui calcule. Nos embarcations avaient divergé.

La veille du jour choisi pour le rendez-vous au Scribe, je l'appelle pour en fixer l'heure, et il me répond que ça ne l'arrange pas du tout. Il faut qu'il aille chercher les enfants. Après une légère pause, il m'avoue que la deuxième partie de mon livre l'a beaucoup gêné.

N'importe, lui dis-je avec un enjouement qui commence à s'érailler, il y a une troisième partie qui les réunit, et « nous pourrons toujours voir plus tard ce qui te gêne ». Il me répond que c'est inutile.

Chez ces caractères pervers narcissiques, la déception que l'on inflige à autrui représente un mobile assez puissant pour justifier toutes les constructions mentales. J'ai donc affecté la désinvolture, assez en tout cas pour le priver de ce plaisir en lui disant : « heureusement que je suis venu à Paris pour autre chose, mais c'est dommage ».

« Résumons me dis-je. Ce faux gentil, la perversion socialiste même, donne ses rendez-vous dans un palace de la capitale, fréquente depuis vingt ans la bande d'Yves Montand au Vert galant, celle de Georges Semprun, celle de Pierre Bergé, celle de Mme Bettencourt grâce à ce Banier qu'il adore (et dont nous savons désormais qu'il percevait et plaçait l'argent habilement). Roberts m'achète un livre les yeux fermés, en téléphonant cinq fois à ma secrétaire, il dit que je raconte une histoire comme il les aime (l'histoire même de Banier d'ailleurs, que l'on voit traverser le roman sous le nom de Pico, celle d'un jeune homme qui habite chez Aragon, qui ne dédaigne pas la fréquentation de ses aînés, et dont les rapports avec M. Bettencourt père n'ont, malgré cela, jamais été analysés au procès). Alors Roberts rouvre les yeux. Mon roman lui fait peur. Le narrateur éprouve, à mi-parcours, le dégoût de ce monde où il est entré par hasard. Pour sa part Roberts l'a adopté délibérément et lui a vendu son âme comme un scientologue. La preuve : il me dit que notre rendez-vous ne s'impose plus, alors que j'ai pris l'avion tout exprès. Il l'ignore. Comme il ignore que j'avais besoin de son chèque pour rompre avec mon exil, rentrer en France et peut-être rentrer en grâce.

Adieu veaux, vaches, cochons.

Un bungalow en Espagne

La semaine suivante, j'écrivis à Claude Guéant, secrétaire général de l'Élysée, pour lui expliquer d'où venait la raideur de l'ambassadeur à mon sujet, le prier de n'en tenir aucun compte et de consulter plutôt les chiffres. La première année j'avais réduit le déficit de moitié, la deuxième des deux tiers, et la troisième, l'organisme qu'on m'avait confié était revenu à l'équilibre.

On consentit donc à m'attribuer un nouveau poste que j'acceptai avec soulagement. L'institut de Saragosse, qui existait depuis 1919, était situé dans un vaste appartement, mais son budget était modeste et ses ambitions aussi. Une Franco-Espagnole de trente ans régnait sur une douzaine de femmes qui enseignaient le français malgré une orthographe épouvantable et des obsessions marxistes. L'Espagne comptait une poignée de postes du même genre, qui rendaient compte de leur activité à un attaché culturel de trente ans, normalien, ancien membre du cabinet Villepin, et auteur d'une bande dessinée féroce sur son ministre. La carrière de ce jeune diplomate nommé Baudry résume tant de vices de la société française qu'elle mérite d'être *signalée*, pour reprendre un mot assez courant au quai d'Orsay. Voilà un garçon qui joue de front sur tous les tableaux, qui commence une carrière en rassemblant notes de réunion et propos de cabinet glanés dans le sillage de Dominique de Villepin, pour en tirer une pochade, dessinée à la hâte par un comparse, sous la forme d'un double album de bande dessinée nommé *Quai d'Orsay*.

Le titre se vend bien et notre jeune homme fait le dos rond à Madrid. Sa caricature d'un grand rival du président n'est pas faite pour déplaire à ce Sarkozy qui distribue encore postes et avantages au mépris du bon sens et qui flatte la gauche française dans l'espoir de l'amadouer.

Baudry est nommé à New York. Un an plus tard, il décide de révéler son identité et d'aller chercher son prix du meilleur album de BD au Festival d'Angoulême, album épouvantable de sévérité à l'égard de la diplomatie française. Le fait de balancer sur les turpitudes du Quai d'Orsay aura donc fait progresser sa carrière, ce qui se conçoit encore lorsqu'on veut embrasser celle d'un « lanceur d'alerte », réformer un système malade et finir en exil au Venezuela, mais son cas est extrêmement révélateur d'une société française qui ne sait pas ce qu'elle veut : ce garçon est couvert d'honneurs pour avoir révélé ce qui se passe dans l'arrière-cuisine. Dans les grandes périodes historiques, les militaires qui font défection, ceux qui montent sur un plateau de camion pour haranguer les foules ont au moins le mérite d'avoir vécu six mois chez des amis et de n'avoir emporté, dans leur exil, que leur brosse à dents. Là nous sommes en présence d'un apprenti-diplomate de trente-cinq ans qui porte des chemises de chez Charvet, qui alimente les cancans des magazines féminins à propos du Quai d'Orsay et qui déménage tous les trois ans d'un bout à l'autre de la terre, avec sa femme et ses deux enfants, sans le moindre souci matériel. La France est décidément à plat ventre devant ceux qui la piétinent.

Un autre personnage du même genre illustre la démission totale du pouvoir devant ceux qui intriguent et qui en passent par l'autorité occulte des réseaux, c'est Olivier Poivre d'Arvor, le frère du présentateur. Voilà une carrière sur laquelle les historiens devront se pencher dès ses débuts tant elle est symptomatique de ce qui nous arrive, mais outre que je n'en ai pas le loisir cela me donne un peu le cafard. En tout cas l'épisode de la villa Médicis, auquel j'ai été mêlé, mérite d'être évoqué. Ce monsieur qui trône au premier rang de tous les congrès d'agents de la culture française à l'étranger, et qu'on voit pérorer sous diverses casquettes sur grand écran lorsqu'il complimente son ministre, se déclare candidat à la direction de la villa Médicis bien avant que Frédéric Mitterrand, qui la dirige depuis un an, ne soit nommé ministre et n'abandonne son poste. Son *lobbying* est si actif qu'on tient la succession pour acquise.

Mon travail me conduit souvent à la Villa que je connais bien. Frédéric Mitterrand me tutoie une fois sur deux, selon qu'il y a des témoins ou non. Il annonce sa propre nomination au gouvernement à une poignée de proches dont je fais partie, et la rumeur court que le président de la République veut le remplacer par l'un de ses propres amis, un scénariste nommé Benamou, déjouant les plans de Poivre d'Arvor. C'est là que la déliquescence du pouvoir est la plus manifeste, puisque Poivre d'Arvor, offensé, s'insurge dans les colonnes du *Monde* contre cette nomination imminente et reproche au pouvoir d'avoir préféré, à une candidature naturelle, la sienne, celle d'un proche de l'exécutif sans qualification particulière, envoyant, dit-il, au monde de la culture un « bien mauvais signal ».

En lisant cet article, ma première réaction aura été : « pauvre con », comme si l'outrecuidance de cette admonestation allait sauter aux yeux de chacun. Mais en vérité le Président, effrayé, renonça à son projet de nommer un ami à sa place. Pire encore, il le nomma lui-même à la direction de *France-Culture*, où à peine installé depuis un an, dans un sommet d'ingratitude invraisemblable, ce personnage saint-simonien appela publiquement à voter François Hollande, le tout pour recueillir les fruits de ses consternants calculs, deux ou trois ans plus tard, en acceptant un poste d'ambassadeur.

J'ai dit que pendant son séjour madrilène, le conseiller culturel scénariste de bande dessinée avait fondé une structure d'animation, d'organisation d'événements artistiques, qui portait le nom de *Démon, ou le monde à l'envers*. Rien ne saurait mieux illustrer l'essence de ce qui se passe en France.

Un matin je demande à ce muscadin de la culture si j'ai le droit de faire don, à une association francophile de la région de Saragosse, des deux mille livres reliés qui encombrent les couloirs.

- S'ils ne sont pas à l'inventaire, fais ce que tu veux.

Toutefois si la chose avait subi la moindre critique en provenance de sa hiérarchie, il m'aurait désavoué, en me vouvoyant par lettre. Le matin du chargement, les livres partent en vrac dans la benne d'un camion municipal, la camionnette de la ville ayant été requise pour d'autres tâches. Je vois frémir les pages de Proust, les sermons de Bossuet, les poèmes de Lamartine, dans le vent de l'avenue, comme un essaim d'oiseaux morts. Par quoi les a-t-on remplacés à la bibliothèque de l'Institut ? Par les cinquante livres obligatoires dans tout le réseau, les Echenoz, les Philippe Claudel, les Sollers et les essais sur Sartre et Beauvoir, mais également par ces jeunes écrivains issus de la diversité qui circulent d'un institut français à l'autre pour montrer au reste du monde que la France, la langue française, ce n'est plus Verlaine ou Giraudoux, ce n'est plus même Tournier, c'est Abdellah Taia.

Ce jeune homme, écrivain marocain d'expression française, m'est adressé, de force, par le réseau de promotion de la culture française en Espagne. Il fait donc partie des obligatoires qui font l'objet d'une promotion particulière. J'aligne trente chaises dans la bibliothèque, un journaliste local vient griffonner au premier rang, et notre invité nous parle, pendant une heure, de sa *démarche*.

Je la résume : homosexuel déclaré dans un pays où c'est mal vu, jeune arabe ayant atteint le niveau d'une agrégation de lettres dans un pays d'accueil où c'est très bien vu, il raconte ses souvenirs d'enfance, les tantes et les cousins, le retour des champs, la plage, les matchs de foot, le hammam, l'imam du coin, etc. dans un style particulièrement neutre, ce qui déchaîne la critique parisienne en sa faveur. Au passage, il se garde d'évoquer l'homosexualité des élites marocaines, ce qui lui permet de passer pour audacieux chez nous tout en continuant à ménager une royauté qui jette ses coreligionnaires en prison sur simple dénonciation.

Le seul ennui, c'est qu'un jeune homme du même âge qui nous raconterait les mêmes souvenirs d'enfance, sur le même ton banal et attendri à propos de son village français, n'aurait aucune chance d'être même publié à Paris. Et si par hasard il l'était, il ne serait pas complimenté par les journaux. Il y a donc discrimination positive, en matière artistique, en faveur du Tiers-monde. L'image de la France en est altérée à l'étranger, puisque ce qu'on nous présente comme remarquable, talentueux, génial, n'a que le mérite de son origine, et qu'à force de campagnes insistantes, un jeune étudiant taïwanais finit par croire que la littérature française, ce sont d'un côté des histoires de *bled* et de Fatimatah rentrant de la fontaine au fin fond du Tchad, et de l'autre des provocations de cocaïnomanes mondialisés qui rentrent d'une soirée Halloween à Manhattan. Il s'agit de montrer que notre pays est une sorte de résidence d'artistes permanente, à l'exemple de Berlin et de New York, et que la meilleure chose qui puisse lui arriver est de servir d'écrin au Tiers-monde d'une part, et à l'International de l'autre. S'il est possible de mélanger les deux, c'est encore mieux. L'idéal, c'est un plasticien béninois qui a tapé dans l'œil de Madonna. Le triomphe de la France de Neuilly-sur-Seine, de la France des *Bronzés*, est d'avoir peu à peu réorienté l'attention générale, officielle, budgétaire, sur les artistes qu'elle juge compatibles avec son grand projet : diluer la culture française dans le grand Tout afin qu'il n'en reste rien, ou à peine de quoi inspirer une attraction dans un parc de loisirs. C'est la France *Ratatouille*, du nom d'un rat cuisinier dans un dessin animé de Disney.

Au besoin, on écrira volontiers que la création chez nous tourne en rond, car pour justifier la préférence systématique qu'on y accorde à ceux qui viennent d'ailleurs, ou qui y vont, il faut se convaincre qu'on n'a plus rien à dire, que le pays est racorni, vit dans le passé, etc. Cela passe par le traitement suicidaire de la francophonie. La France devrait être le vecteur naturel et principal de la promotion de la langue française, mais justement cette époque est révolue. On nous serine au contraire partout qu'il faut qu'elle accorde toute leur place aux barbarismes canadiens, aux approximations africaines, et ne se mêle plus de rappeler la règle, car en tous domaines c'est l'usage, c'est l'instinct, c'est la rue qui devront prévaloir.

Une note de l'année 2010, émanant des services culturels de l'ambassade romaine, dit exactement ce qu'il doit advenir du français dans l'esprit de ses assassins :

Le contexte est simple à résumer, nous sommes en 2010 dans un pays européen, l'Italie, qui aime et lit nos auteurs classiques. Mais le ministère des Affaires étrangères a décidé de faire découvrir aux Italiens le français nouvelle manière. Extrait d'une note de service :

Il faut promouvoir le français comme langue en liberté : langue des banlieues, sms, *blogs* (contre la « police » de la langue, le repli).

Il faut encourager le français comme étant à la pointe d'une *movida* : slam, cultures urbaines, mangas (contre la culture « patrimoniale »).

Il faut encourager le français comme langue de l'excellence sportive (contre « une langue féminine, formelle et chic »).

Qui, parmi les Français qui payent l'impôt pour contribuer, entre autres, au rayonnement du pays, ne jugerait que l'auteur de ce texte soit coupable de trahison ? Au passage, on relèvera que l'auteur de cette note, conseiller culturel à l'ambassade de Rome, considère le formalisme et la grammaire comme féminins, au contraire de l'excellence sportive qui est masculine par essence et que sur ce terrain-là, aucune des pasionarias qui prétendent débaptiser les écoles maternelles pour sexisme n'ont daigné s'émouvoir. Qui jugerait normal que les instances de la francophonie mondiale, qui siègent avenue Bosquet à Paris, et dont la France fournit 80 % du budget, recrutent du personnel « Africain de préférence, féminin de préférence, et parlant un ou plusieurs dialectes de l'Afrique de l'Ouest afin de contribuer au développement des langues partenaires, notamment africaines et créoles ». C'est pourtant le cas, et la phrase qui précède est issue d'une offre d'emploi. Que diable le développement des « langues partenaires » a-t-il à faire avec celui du français ? Comment se fait-il qu'aucun député, aucun sénateur n'ose dire que l'argent de la France à l'extérieur travaille directement, explicitement, à amoindrir son influence linguistique ?

La réponse est simple, seule compte désormais son influence économique. L'histoire de la comptable de mon petit institut espagnol illustre de manière émouvante que tout est perdu pour le français.

Cette grosse fille toujours souriante, toujours sincère, ne me cache pas dès mon arrivée que la France du Grand Siècle et la francophonie sont représentées ici par des brêles, analphabètes, toutes des femmes évidemment, gauchisantes évidemment, etc. Fille de gendarme, d'une compétence orthographique largement supérieure à celle des professeurs de l'institut, surdouée en calcul, aimant la vie et les plaisirs simples, divorcée de fraîche date, elle va passer ses rares congés aux États-Unis où sa connaissance parfaite de l'espagnol et de l'anglais lui inspire de répondre à une annonce à Washington.

Au mois de décembre, j'affecte d'ignorer pourquoi elle me demande une semaine de vacances. Elle prend l'avion à Madrid pour un entretien avec les services économiques français à Washington, et, à son retour, m'annonce que sa candidature est retenue.

Il faut toutefois garder, sur ces démarches, un secret absolu afin que les services madrilènes ne puissent pas compromettre l'issue de son affaire. Pour résumer abruptement les choses, elle était à peu près la seule, dans tout le réseau espagnol, à connaître à la fois les chiffres, la comptabilité informatique et le droit du travail. Ses supérieurs dépendaient largement de sa compétence alors qu'ils étaient payés trois fois plus. L'administration du quai d'Orsay, qui travaille dans la perversion permanente, qui place le talent au service de la vanité, va connaître, pour une fois, un léger revers. Me voilà donc, malgré ma méfiance culturelle à l'égard du monde américain, contraint, par amitié, par tendresse à l'égard de ma courageuse employée, à protéger sa fuite vers le pays de la nourriture à toute heure, du *rock and roll* et de Disneyland. La providence veut visiblement me donner une leçon.

Au printemps, j'aide la jeune femme à se défaire de sa voiture, à rendre les clés de son appartement, je viens charger ses trois valises orange, larges comme des buffets, pour l'accompagner à Madrid en train.

Trois valises orange

La gare de Saragosse est lugubre à sept heures et ma passagère a la gorge nouée quand nous montons dans le train.

Malgré le secret, l'ambassadeur nous fait envoyer sa voiture à Madrid-Atocha, sans doute amusé par l'audace de cette employée courageuse qui part à la conquête de l'Amérique avec ses trois valises orange. Cet ambassadeur, Delaye, qu'on appelle atypique, est un caractère à l'ancienne, à la Romain Gary, qui circule à moto et qui finira sa carrière sur un blâme pour des raisons comptables. Pourtant dans ce métier de jésuites, c'est l'un des rares personnages fréquentables. Il connaît depuis longtemps le talent de ma protégée. Lors de mes propres adieux, quelques mois plus tard, il me demandera de ses nouvelles.

— Et vous, qu'allez-vous faire ?

— De la littérature.

Nous sommes dans les jardins de l'ambassade ; il fait une chaleur affreuse ; il s'attarde avec moi au lieu de serrer des mains, et il me demande inquiet si je ne garderai pas un trop mauvais souvenir de mon passage en Espagne. Il a raison, on n'est jamais sûr des écrivains. Ils ont vite fait de ruiner une réputation. Pour la sienne, c'est déjà fait. Il me plaît, au contraire, de le défendre.

— Envoyez-moi votre livre, vous viendrez faire une conférence.

Je feins d'y croire et je rentre en France pour raconter l'évolution de mon village sur un ton accessible à tout le monde, afin de renouer avec le lectorat le plus volage tout en évitant d'effrayer la presse.

Peine perdue. Seuls Camus et Finkielkraut en parlent avec faveur. Le matin où le candidat socialiste obligatoire à la présidentielle, celui qu'on nous désignait comme le seul adoubé par le système, se fait pincer la culotte à la main, je partage un café au bar du Lutetia avec mon éditeur Éric Laurent. Derrière lui, François Hollande qui vient d'apprendre l'infortune de son rival. Les cieux sont entrouverts au-dessus de son front dégarni, il parle à un collaborateur chauve qui est le futur ministre des Finances, la voie royale est devant lui. Je revois aussi sa petite tête veule aux yeux de cocker à l'âge où il mordait son crayon en salle de lecture au 31 rue Saint-Guillaume, l'annexe de Sciences Po. Je me souviens d'avoir eu l'intuition, quand nous avions vingt ans, que la caste du Lycée Pasteur causerait le malheur de la France. C'est fait.

En cinq ans le pays légal est devenu tellement susceptible qu'il ne peut même plus supporter la mention du pays réel. Mon livre, cette année-là, est sous-titré : *à l'écoute de la France qu'on n'entend pas*. Du coup, les journaux font la sourde oreille. C'est à peine si je recueille dix lignes dans un magazine. N'importe, je me console une fois de plus en songeant que la littérature m'attend, la vraie, celle qui suscite non des émois de circonstance, mais une émotion hautaine, puissante, venue des grands fonds de l'Histoire. Je reprends donc et j'achève ce manuscrit que Roberts voulait m'arracher à tout prix avant d'y renoncer avec tant de désinvolture perverse et capricieuse, et j'adresse le tout à Richard Millet qui dirige le comité de lecture chez Gallimard.

Il me dit sa satisfaction. Hélas, c'est pratiquement le jour même où ce malheureux fait l'objet d'une motion de défiance de ses propres collègues et auteurs, dans un style XXe Congrès absolument effroyable. Il m'écrit quelques jours plus tard avec lassitude : « je ne suis plus en position de vous éditer ». Quand il embarque ses dossiers dans le couloir, les portes se ferment, les regards se détournent. Son crime : avoir décrit le suicide d'une civilisation avec les mots d'un maronite libanais, c'est-à-dire conscient de ce que nous risquions. Il a eu l'imprudence d'applaudir le massacre norvégien d'Utoya avec une verdeur célinienne dont le second degré guignolesque n'est apparu à personne.

Non seulement plus personne ne l'écoute, mais il est chassé de partout.

État d'urgence et présidence grotesque

Mon roman classique finit par paraître, mais pendant la semaine qui suit l'assassinat des dessinateurs de Charlie.

C'est l'histoire d'une jeunesse sous Giscard dans une France qui n'a aucun problème d'immigration, donc le contraire de la nôtre. Cette évocation nostalgique d'un pays encore hanté par le souvenir de Proust et de Saint Simon est devenue pratiquement criminelle puisqu'elle a l'air de signifier que c'était mieux avant. Quand on voit ce qui se passe, on se demande si ce sera mieux après. Le *Soumission* de Houellebecq, accablante fable écrite du pied gauche, qui passe pour actuelle et même prophétique puisque les attentats de Paris en accréditent aussitôt le sujet, paraît la même semaine que mon propre livre, chez le même éditeur, Flammarion.

Pour approcher la place de l'Odéon il faut traverser un barrage de policiers, on évacue les voitures suspectes, les numéros spéciaux se multiplient dans les journaux sur le « visionnaire Houellebecq », autant dire que je n'ai pas toutes les chances de retenir l'attention avec mes histoires de curés dans le Loir-et-Cher. La suite le confirme, je n'en avais aucune. Le livre passe inaperçu, ironie du sort assez cruelle, puisque ce titre était censé restaurer ma notoriété qui vacillait comme une ampoule de trente watts sous un auvent mouillé.

Dans ces cas-là, inévitablement l'ampoule finit par claquer, on se retrouve seul dans l'obscurité, et c'est exactement ce qui se passe, mais comme ma nature est confiante, je rallume une bougie pour trouver un refuge quelque part où subsiste quelque chaleur.

Le *Figaro* lance une édition sur internet qui permet d'accumuler les collaborations bénévoles. Le calcul est simple, il s'agit d'entretenir une curiosité, une attente à mon sujet, en espérant des jours meilleurs et en multipliant les articles remarqués.

Les plus remarqués sont ceux qui concernent le style verbal et écrit du Président de la République, dont la ressemblance avec Paul Deschanel, qui dirigea le pays avant la guerre, est assez frappante. D'abord il a grandi dans l'ombre d'un père farouche et redouté, dont il s'est affranchi en faisant de bonnes études, mais dont il a dû affronter la réincarnation en politique en la personne d'un rival belliqueux et sûr de lui. La statue du commandeur de Deschanel fut Clemenceau qui reprochait à la plupart de ses collègues de n'avoir pas de caractère, qui remuait beaucoup, comptait de nombreux amis dans la Finance et trouvait dégradant de faire campagne. À la moustache près, c'est Sarkozy. Mais comme l'époque en avait assez des foudres de guerre, des généraux exemplaires et des Tigres de tout poil, c'est l'agneau Deschanel, après une carrière de sous-préfet aux champs, avec sa bouille de photo de classe, qui fut élu grâce au slogan : « vous avez gagné la guerre nous gagnerons la paix ».

C'est exactement le contraire qui s'est produit. Sa famille politique a perdu la paix et n'y a gagné que la guerre. On se demande si l'histoire n'est pas en train de rejouer la pièce. Devant la montée des périls, la France de l'époque a cru pouvoir mener grand train jusqu'à l'effondrement, a livré passage à tous les réfugiés et s'est laissée bercer par l'illusion que la prospérité se décrétait : tout colle, hélas, parfaitement. Nous y sommes.

Mais surtout François Hollande a montré tout de suite, dans son rapport odieux, pathologique avec la langue française, l'infirmité de tout le système qui l'avait produit et dont je viens de brosser le tableau. Son discours ne porte pas même un blue-jean, il est affublé d'un *jogging* à bandes. Son rapport à la parole, sa maîtrise de la syntaxe, la précision de son vocabulaire, l'autorité de ses propos, la qualité de sa gouvernance, forment un tout, le seul problème est qu'il ne ressemble à rien.

Voici un florilège consigné à la volée sur un carnet de notes. La forme correcte est entre parenthèses comme dans la méthode Assimil.

« Médecins sans frontières remplit (*accomplit*) une tache remarquable / je veux saluer ceux qui prennent des risques, pour que nous n'en ayons pas, de risque (*pour nous les épargner*) / je pourrais évoquer le Nigeria eh bien la France sur tous ces sujets elle est à l'initiative (*sur tous ces sujets la France a l'initiative*) / cette politique, elle coûte à la croissance (*compromet la croissance*) / après un demi-siècle de construction de l'Europe, nous rentrons (*entrons*) dans un processus de déconstruction / tous les scrutins qui se sont produits (*exprimés*) / ils nous ont rappelé de faire des réformes et nous en avons faites (*fait*) / mais en même temps d'adapter la trajectoire (*courbe*) de nos déficits / j'aurais dû dire, au risque d'apparaître me défaussant (*de paraître me défausser*) / Il faut qu'on leur permettre d'avoir l'accession (*d'accéder*) à un logement / pour avoir ces emplois qui soient préparés (*pour préparer ces emplois*) dès l'école / des départements qui pourront être selon les populations et les territoires (*qui pourront prendre en compte*) / il y a une autre politique, finalement, de dire (*qui consiste à dire*) « laissons filer le déficit » / ce qui nous rend dans l'espérance (*ce qui nous remplit d'espoir*) / je n'ai pas d'autre enjeu, d'autre ambition, de lui assurer sa sécurité (*que de lui*), etc. »

Qu'on ne nous dise pas que les mots n'ont aucune importance ou alors dans un seul cas : quand on choisit principalement de se taire parce qu'on n'est pas doué pour manier la langue. Mais François Hollande a choisi de parler puisqu'il est m'as-tu-vu, c'est la principale raison de son élection.

Pour finir, une phrase prise en sténo dans le discours liminaire : « Je veux que la haute autorité celle qui est chargée justement, celle qui nous a révélé, si elle va rendre des rapports et s'il y a des situations, elles seront dénoncées. »

Que ce diplômé des grandes écoles soit un analphabète n'a pas pu échapper à François Mitterrand, lequel, élu après avoir prêté allégeance au côté sombre de la Force, compromis avec toutes les puissances de la déréliction, mais élevé dans la France de l'humanisme et du beau langage, s'est certainement réjoui de voir à l'œuvre la perversion des valeurs qui avaient présidé à son éducation. Il y a des gens comme ça. Des gens dont le drapeau français quitte le cercueil pendant l'oraison funèbre et dont la vertu, l'honneur, préfèrent s'écarter sur un courant d'air. Cette mésaventure hautement symbolique lui est arrivée à Jarnac, le vent a fait glisser à terre le drapeau national, et la presse confite dans l'hypocrisie et le mensonge n'a jamais décrit cette scène presque paranormale qui désignait *post mortem* un caractère indigne du rôle, indigne de l'héritage, indigne du pays.

Les gens de gauche, désormais arbitres des élégances dans la vie publique, du Conseil d'État aux conseils d'Université, sont issus d'une France où l'image du père était encore très forte. Pour la plupart, ils en ont souffert, ils le disent, ils l'écrivent depuis vingt ans, ils en remplissent les scénarios et les pièces de théâtre. Mais au lieu d'élever ce Mitterrand au statut de père de la Nation, ils ont choisi de le traiter en oncle sympa. La Mitterrandie fut un grand film de Claude Sautet où Yves Montand tenait le même rôle de faux gentil qu'à l'écran. Vingt ans après, les soupçons se confirment. Il est gênant de s'apercevoir que le pays est gouverné par des médiocres qui n'ont pas encore, à plus de soixante ans, réglé leurs rapports avec l'image du père, de l'autorité – donc du langage qui fait autorité.

Penchons-nous, avec la déférence ironique d'un valet de Molière, sur l'ex-couple François Hollande-Ségolène Royal, et observons chez l'un et l'autre la même pénible tendance à pratiquer la pêche au chalut démocratique à coups de consultations stériles, de mots émasculés, de néologismes, de barbarismes, de contresens (« Mandela, combattant infatigable de l'apartheid » décembre 2013) de conciliations de courants, de débats participatifs, le tout afin de retarder l'heure des décisions qui leur incombent parce qu'elles leur rappelleraient trop, justement, l'image du père.

De quoi Hollande a-t-il souffert ? D'une autorité qui tapait du poing sur la table et qui appelait un chat un chat. D'où cette tendance désastreuse à louvoyer entre le oui et le non, la carpe et le lapin, le chaud et le froid au sein de la même phrase, ce qui ne l'empêche pas, comme tous les enfants en rébellion contre le père, de l'imiter finalement par inadvertance. Quand il y a décision, car il doit y avoir décision à la tête de l'État, c'est toujours tardif, honteux, verbeux, maladroit, calculateur. Il s'agit dans un premier temps de surmonter la crainte de coller à l'image de l'autorité, et dans un deuxième, quand plus personne ne fait attention, de le faire avec un sentiment de revanche sournois, comme ces enfants de militaires qui coiffent le képi devant la glace en imitant les colères du géniteur quand tout le monde est parti. La *normalité*, à laquelle François Hollande faisait systématiquement allusion pendant sa campagne, n'est pas l'autre nom de son humilité (il faudrait déjà prouver qu'elle existe). Elle est plutôt le symptôme de sa crainte de gouverner. On observera que son père, le dr Gustave Hollande, observe un mutisme effaré devant la folie de son fils, dont il se sent coupable, et se contente de répondre à la presse : « il a fait de bonnes études », comme s'il fallait incriminer un système incapable de filtrer les gens délirants. Cet homme, le père, qui porte le prénom très peu banlieusard de Gustave, a longtemps milité à l'extrême droite, et le lieutenant-colonel Royal, aujourd'hui disparu, le père de Ségolène, n'en était pas très loin non plus.

Dans le cas de Ségolène Royal, un psychiatre ne manquerait pas d'interpréter le monceau de boulettes commises comme une rafale d'actes manqués. En se présentant à la Présidentielle elle n'avait aucune envie d'obtenir ce qu'elle briguait. Mais elle ne pouvait se passer de le briguer quand même, afin que les caméras se tournent vers elle. Là était toute son ambition. Pendant sa campagne, on a souvent pensé qu'elle aurait mieux fait de se consacrer au cinéma, le vrai. Quand on voit l'état du pays, on regrette que François

Hollande ne l'ait pas fait non plus. Il aurait écrit des pièces de théâtre entre deux séances plénières à la Cour des comptes. La France s'en serait trouvée mieux.

Mais, soit. Trêve de partisanerie. Plongeons l'épuisette dans le bassin de droite. Curieusement nous tombons sur deux poissons d'une espèce voisine, des cousins qui portent les mêmes rayures, pour ne pas dire des maquereaux de la même famille, Nicolas Sarkozy et Manuel Valls. Leur besoin d'exercer le pouvoir puise aux mêmes origines.

Des origines étrangères, tout d'abord. On a le droit de le dire, puisqu'ils nous l'ont rappelé l'un et l'autre avec insistance. Ensuite ils ont curieusement, tous les deux, un père artiste-peintre, voué au monde des idées, des impressions, des simulacres, c'est-à-dire moins fait qu'un militaire ou un directeur d'usine pour donner à ses enfants les clés d'une autorité sur le réel. C'est plutôt par l'aventure sociale balzacienne qu'ils les trouveront – et d'ailleurs de la même façon : une affirmation de soi qui provient non de ce que l'on est, mais de ce que les autres pensent qu'il faut être. Les autres, ce sont d'abord les clubs, colloques, assemblées générales, conseils municipaux auxquels on participe dès dix-huit ans et demi, en saisissant le micro avant tout le monde, sans savoir toujours ce que l'on dit. Puis, c'est l'océan de l'approbation générale qui tente ces navigateurs pressés. Ils n'ont jamais passé six mois au port, ils ne se sont jamais posés quelque part, ils ont très peu lu, très peu réfléchi, mais ils communiquent, ils sont pendus à la radio de bord.

Je contourne obligeamment la vie amoureuse et la situation conjugale de ces gouvernants, qui pourtant ne sont pas sans rapport avec le sujet, pour passer directement à leur rapport à l'autorité.

Quand on dirige un pays malade, ce qui revient à soutenir sa famille au moment où elle vient d'hypothéquer la maison (et où deux fils sur cinq sont au chômage), il n'est pas indifférent de savoir quelle place occupe le portrait de l'ancêtre. Et quel rapport entretient avec le passé familial la stature du père, chez ceux qui prétendent régenter les finances, la morale et le reste. Pourquoi vouloir connaître tout cela ? Parce que gouverner, c'est ménager l'équilibre des forces qui vous gouvernent vous-même, et donc les avoir reconnues, soupesées, évaluées.

Quand on voit la conduite de Hollande, on est obligé de soupçonner, notamment dans son attitude à l'égard du catholicisme, du mariage, de l'autorité, de la solennité en général (de l'Armée et nous le verrons certainement bientôt, car il va l'avoir sur le dos avant de partir), quelque chose d'incompatible avec la fonction, quelque chose comme un règlement de comptes permanent à sens unique qui relève de l'exorcisme et de la névrose. Il n'en veut pratiquement qu'à l'autorité d'autrui, surtout si elle est morale, sans doute à cause de son père qui l'épouvante encore. Il lui préfère le désordre et la confusion qui permettent de régner quand on est soi-même en plein délire névrotique. Dans une famille, ce genre de personnages est extrêmement gênant. Ce sont ceux qui cherchent à tester tout le monde, à comploter, à flatter les uns en humiliant les autres. On déteste les voir régenter le cercle de famille en douce, jouer les manipulateurs en dressant les uns contre les autres, consolant ceux qu'ils ont blessés, blessant ceux qu'ils ont consolés.

François Hollande, c'est la teigne au bout de la table avec son petit costume, son sourire en coin et sa réputation de bon élève qui fait excuser son absence totale de morale. Ce Narcisse s'est entouré pour finir de gens qui lui ressemblent, au point de nommer son double Premier ministre avant la chute.

Il relève directement de la psychiatrie comme pourraient l'attester, s'ils en avaient le courage, les psychanalystes qui truffent les rangs de la gauche parisienne. Mais ils ont renoncé à publier le moindre commentaire à son sujet, car il y a trop à dire. En outre il s'est arrangé pour faire chasser des journaux d'opposition (à qui son gouvernement distribue jusqu'à 15 millions d'euros par an) les chroniqueurs les plus acharnés à lui déplaire. Qui ? Eh bien, Votre serviteur par exemple, qui a réuni, en septembre 2015, 180 000 lecteurs sur une seule diatribe à son sujet, soit le record de l'année, mais à qui le *Figaro* n'a plus rien réclamé depuis !

Le principal n'est pas là, il est que le président de la République mette désormais le pays en danger.

À l'exemple de ces pots de colle, de ces harceleurs qui pianotent jusqu'à une heure du matin sur le digicode de leur ancienne maîtresse dans le hall de l'immeuble, il a passé des mois à comprendre qu'il a fait fausse route, qu'il a déplu. La France voulait le quitter depuis longtemps, mais il aura joué jusqu'au bout avec l'idée d'une réélection de manière obsessionnelle, pathologique. Régulièrement il revenait expliquer à l'opinion qu'il avait changé, il nous disait que « nous ne devrions pas le prendre comme ça », il nous répétait textuellement : « la question n'est pas de savoir pourquoi ça n'a pas marché, mais de savoir comment ça va marcher désormais ». En somme il nous faisait le coup du nouveau départ après la dispute.

On se souvient avec gêne des bordées de SMS quotidiens que Valérie Trierveiller, son ancienne maîtresse, pendant la semaine qui a suivi son éviction, prétend avoir reçues, et qu'elle affirme d'ailleurs encore détenir, sur le thème : « tu es la femme de ma vie, je t'épouse quand tu veux ». Un peu comme si ce Président n'était finalement obsédé que par une chose : faire bonne figure, garder la face dans ses relations avec le pays, au mépris de toute logique, de toute vraisemblance, de toute raison.

Car c'est bien la raison qui lui manque. Sa méthode, qui consiste à faire un pas en arrière dès qu'il a avancé d'un mètre, devient préoccupante : la fréquence des « même si » et des « en même temps » chez lui est tellement grande qu'elle trahit une incapacité à tracer une ligne nette entre ce qu'on fera et ce qu'on ne fera pas, entre ceux dont on s'occupe et ceux qui peuvent attendre. La phrase type, la forme récurrente est : « je fais le nécessaire même s'il reste encore des problèmes » ou bien : « nous allons développer les lignes d'autocar même si le train est irremplaçable ». Ce recours à l'opposition des termes, au balancement qui ne veut rien dire mais qui donne l'illusion d'une délibération intérieure est parfois tellement caricatural qu'il en oublie de s'assurer que les choses qu'il oppose sont contradictoires, comme dans la phrase suivante : « j'ai, avec Mme Merkel des relations qui relèvent de la sincérité et, en même temps, de la franchise ». En d'autres termes : « je suis un élu de Corrèze même si je suis maire de Tulle. J'adore la purée même si j'aime bien les pommes de terre ».

L'affection dont souffre le Président actuel est bien plus sérieuse qu'on ne le croit. Pour s'en faire une idée, il suffit de consulter les innombrables témoignages de spécialistes (ou de simples victimes) qui traitent de la perversion narcissique. Il y est question de la difficulté de se débarrasser de ces caractères insupportables qui font alterner la séduction et la froideur, qui ne pensent qu'à eux, qui ne se mettent à la place de personne, qui sont prêts à tous les mensonges, à toutes les séductions, à toutes les trahisons, à tous les retournements pour garder leur proie et surtout pour préserver leur propre image, la seule qui leur importe.

Dans la plupart des témoignages, outre l'énumération des symptômes observables dans la vie de ces gens-là hors des périodes de crise, on trouve une description de la phase critique que constitue la rupture, ou le risque de la rupture, quand l'être que l'on a déçu s'apprête à partir. La phase-clé d'une relation avec un pervers narcissique, c'est le moment où il cherche à reconquérir la faveur perdue.

Extrait d'un témoignage anonyme sur internet*:* *Il m'a fait tout un discours de séduction pour qu'on se remette ensemble, en multipliant les promesses, les cadeaux, il m'a même promis le mariage, et je me suis sentie humiliée d'avoir cédé pour la nième fois, j'avais l'impression d'être entièrement dévaluée, d'y avoir cru une fois de plus.*

Tout compte fait (et c'est bien le mot quand on voit le budget du pays), cette impression d'être dévalué(e) par un séducteur qui prend sa victime pour une imbécile (comme l'a souligné Valérie Trierveiller qui ne l'a certainement pas inventé), est celle que ressent, à son égard, la France entière. Tous les mois, il vient nous expliquer que tout va changer, que la situation s'améliore, il multiplie les « j'ai décidé », il nous dit que ça va repartir grâce à lui, il nous parle de son audace de visionnaire, et le message sous-jacent est : « ne cédez pas aux sirènes qui profiteraient de votre inquiétude, moi seul suis capable de vous épargner les conséquences de votre faiblesse ».

En vérité, il est désormais capable de mettre le pays à feu et à sang pour apaiser une vulgaire névrose, et de compromettre l'équilibre général pour ménager le sien. En témoigne son rapport à l'action politique qui n'est en vérité que passivité et défaut d'engagement. L'enchaînement redondant des formes passives chez lui trahit une absence de vigueur, de volonté réelle dans le discours, comme si les choses se faisaient en dehors de lui, comme s'il attendait que soient réunies les conditions nécessaires pour qu'elles se fassent toutes seules.

Quelques exemples : « permettre qu'il y ait un jour la communauté internationale qui soit en appui », « nous avons été capables de montrer qu'on était capables de se rassembler », « il faut que nous puissions avoir des parcours qui nous permettent », « il faut faire en sorte que la société civile puisse être en position de », « la question serait forcément posée du soutien que je pourrais lui apporter », « s'assurer que le programme qui était celui qui lui était présenté », etc.

Qu'en conclure pour la suite ? Qu'il nous réserve une sortie à la mesure de sa lâcheté, un mensonge suprême, et qu'il est prêt à compromettre le sort du pays entier pour ménager son amour-propre.

Le corollaire le plus dangereux est sa parfaite insensibilité à tout ce qui ne sert pas ses propres constructions mentales. La crise des migrants et les cruautés des islamistes, les massacres passés et futurs autoriseraient le recours à l'émotion, à l'action immédiate dans des proportions rarement atteintes depuis cinquante ans dans la politique française. Les gens ne peuvent être rassurés que par quelqu'un qui partage leurs inquiétudes. Mais justement l'émotion présidentielle n'est jamais au rendez-vous malgré la relative bonhomie du discours, parce qu'il ne suffit pas de dire je suis ému pour émouvoir. En vérité le Président ne dit jamais je suis ému ; il évoque sa propre attitude « face à ce qui peut faire naître de l'émotion et de l'inquiétude ». Comme si, une fois de plus, tout ce qui est affectif lui était extérieur. Même et surtout le ridicule, dont il n'a aucun sens. Il est prêt à poser assis à son bureau pendant que le public des journées du Patrimoine défile à l'Élysée et se prête à la photo derrière le cordon rouge comme un chimpanzé au zoo de Vincennes.

En politique, dans les situations graves, il faut que le pays soit convaincu que l'orateur a le cœur lourd et la colère au bord des lèvres. Or le Président n'a jamais rien eu à craindre dans la vie, non plus que ses amis et collègues. Adolescence vécue dans l'abondance, lycée de Neuilly parmi le gratin économique de la France future, gros salaire à vingt-quatre ans dont il nous dit dans une bande-vidéo effrayante qu'il le garderait à vie même s'il n'allait pas au bureau. Parallèlement la plupart de ceux qui l'écoutent, terrifiés de voir ce qui se passe, n'ont plus d'argent, plus de certitudes et se demandent : « que vais-je devenir ? » Mais, englué dans son narcissisme béat, il s'en moque. On lui attribue trente fois la retraite d'un travailleur moyen, c'est assez pour s'épargner l'inquiétude la plus ordinaire qui est celle de manquer. Mais il manque de tout le reste. Il n'est pas sujet aux grandes émotions. Quand on est aussi léger de nature, il est difficile d'avoir le cœur lourd. Quand on est persuadé d'être supérieur à tout le monde, on ne cède pas à la colère ou à l'inquiétude, même à celle des autres, même, et surtout, à celle de son peuple.

Sa seule mention de « souffrances épouvantables » n'a jamais concerné que les victimes du régime de Bachar El Assad. On peut vérifier. Rien sur les chrétiens crucifiés, l'otage Américaine violée par le chef des islamistes, les homosexuels précipités du septième étage et achevés par les combattants à coups de pierres, les ennemis grillés vivants sur la plage, pendus à des câbles, le pilote jordanien brûlé dans une cage, le directeur du musée de Palmyre torturé à 82 ans, le citoyen français décapité au milieu de la France profonde qui l'avait vu naître. Même à propos du chômage, même à propos des agriculteurs, la parole présidentielle ne fait aucune mention de la détresse morale des intéressés qui se suicident par milliers. En revanche, le seul moment où elle s'anime et semble trouver un peu de chair, un peu de solennité, c'est dans le registre : « Je veux pouvoir continuer à me regarder dans la glace, je veux que la France soit digne de ses principes » (entendez les miens les principes socialistes, donc c'est encore de mon image qu'il s'agit. En somme je veux, surtout, ne pas perdre la face).

À présent qu'il a renoncé à briguer quoi que ce soit, il va s'arranger pour manipuler le cours des événements, quitte à démissionner avant le terme en laissant entendre que des menées fascistes lui ont rendu les derniers mois impossibles. Sa terreur de l'armée, qui fait écho à celle qui lui inspirait son père, va se traduire par un affrontement avec les militaires et la police au premier prétexte. Il va nous dire qu'il soupçonne certaines forces souterraines, dans leurs rangs, de vouloir se placer au service de la « haine de l'autre », comme si les bombes n'en relevaient pas déjà. Pour quiconque connaît les militaires, la seule chose qu'ils haïssent, c'est traditionnellement ce genre de types. Les deux mots sur lesquels il a insisté lorsqu'il parlait à l'envi de la crise dite des migrants, au point de le dire explicitement (citation : « le mot important dans cette déclaration est… ») sont « obligatoire » et « mécanisme ». « Obligatoire » pour l'aide aux réfugiés, c'est-à-dire qu'il faudra rendre la chose impossible à éviter un peu comme les aires réservées aux gens du voyage ou le pourcentage de logements sociaux, et « mécanique » à l'échelle européenne, c'est-à-dire qu'il faudra attirer l'attention du gendarme européen sur tous les pays qui ne voudront pas ouvrir leurs frontières à l'exemple du nôtre. Dans le même registre délirant, citons encore : « nous devons une fois de plus entraîner le monde ».

Rien que ça. Il ne dit pas vers quoi, et au nom de quoi, mais nous pouvons déjà nous en faire une idée.

Le désastre français vu du 47e étage

C'est au sommet de la tour Montparnasse que j'ai compris où, et au nom de quoi, le malade qui nous gouverne et qui s'en lave déjà les mains voulait entraîner la France.

J'ai rendez-vous avec mon ancien éditeur, Bernard Fixot, au 47e étage. La lumière décline, il est six heures. En attendant d'être reçu, je longe les baies vitrées dans ce silence très particulier des gratte-ciel quand on est loin du trafic. L'Arc de Triomphe. Le bois de Boulogne. Neuilly-sur-Seine. Le lycée Pasteur dont les anciens élèves auront vendu le pays à la découpe en quarante ans. L'Élysée, ses jardins, cette majesté impassible à la française, dont le commerce et l'opportunisme sont en train d'avoir raison.

Les fenêtres de l'Élysée sont allumées dans le soir qui tombe au milieu du fourmillement des phares et des lampadaires. François Hollande n'exerce même pas le pouvoir en son nom propre. Il lui suffit d'être le point de mire, il est content de plastronner, c'est tout. Si on lui permet de rester dans le champ, si on le convainc que tous les regards sont tournés vers lui, il est prêt à collaborer avec toutes les puissances qui tiennent la France en joue. L'Europe institutionnelle, l'Allemagne, sa banque, l'Amérique, les siennes. On lui décerne, à l'heure où j'écris ces lignes, le prix de l'homme d'État de l'année, mais c'est l'un de ces hochets par lesquels l'*Open Society* s'assure le bon vouloir des faibles. Le prix vient d'une fondation religieuse au financement douteux qui a trouvé mieux que le *lobbyisme* auprès des hommes d'État, elle les convoque carrément pour leur remettre une breloque et un chèque, sous un mur de logos publicitaires, comme les pilotes de Formule 1.

Justement : l'un des représentants de cette société internationaliste qui ne doute de rien sort à l'instant de son bureau pour m'accueillir, le fameux Fixot qui ressemble à Charles Trenet à l'époque où il débarquait sur scène en chantant « Boum ! »

Dans la France de De Gaulle, nul n'aurait parié un liard sur un ancien commercial qui jonglait avec des palettes d'invendus de chez Gallimard. Mais, boum ! Il est devenu le roi d'un système qu'il a d'ailleurs contribué à établir en France après Robert Laffont : celui de la sujétion à tous les étages.

Économique, d'abord, c'est-à-dire qu'il obéit aux lois du marché jusqu'à vouloir épouiller les classiques en littérature de leurs descriptions fastidieuses.

Artistique, puisqu'il a épousé l'Amérique du *creative writing* jusqu'au délire, qu'il vit à Central Park, que ses enfants sont sans doute à moitié américains, et que les auteurs à sa dévotion écrivent des histoires qui se passent elles-mêmes à Central Park, des histoires où il y a toujours un détective et une journaliste, et où tout le monde s'appelle Parker et Johnson. En somme, c'est l'aboutissement du système marchand auquel j'ai naguère prêté la main pour survivre et pour ne pas devenir moi-même magasinier après avoir été primé par l'Académie pour « l'ensemble de mon œuvre » à 32 ans. Ce système relègue toute littérature nationale au rang de vague folklore, et, pour assurer un revenu aux artistes français ou tchèques, leur suggère de travailler toujours plus dans le goût américain ou de traduire des gens dont le seul talent est d'être né à Philadelphie. Pour comble, ce Fixot vient d'ouvrir un bureau à Los Angeles afin de travailler directement pour l'industrie du cinéma, bureau d'où il m'a écrit : « venez me voir dès mon retour ».

Me voilà.

Il s'agit pour moi de « caser » une énigme policière internationale sur un sujet relatif à la génétique et notamment le gène homosexuel, un Graal de moins en moins inaccessible, et un secret comparable au *Da Vinci Code*, de sinistre ou d'heureuse mémoire selon le point de vue, celui de l'artiste ou celui de l'éditeur.

Le fait que ses bureaux de Los Angeles viennent d'ouvrir m'a incité à lui proposer ce sujet qu'il juge passionnant et dont je voudrais faire un scénario. Dans ma jeunesse la Warner voulait aussi m'attribuer un salaire pour faire du *plot-making* à Burbank. J'ai l'impression de remonter le temps. Hélas, il faut en passer par la case roman. Toutefois ce *tycoon* de Fixot m'a convoqué pour me dire qu'il refuserait catégoriquement de publier quoi que ce soit sous un faux nom.

Ça commence mal. Je contemple Paris derrière lui dans la brume au crépuscule. Sa secrétaire prend des notes. Cette abstraction des derniers étages à l'intérieur de la Tour, où l'on voit se refléter les leds du téléphone à la nuit tombante sur les baies vitrées ultra-épaisses, dans un silence parfait, ce décor qui semble fait pour les livres qu'il inspire, ce Manhattan de studio, imprime, à cette scène, une irréalité parfaite.

Elle s'accentue quand nous parlons d'argent. Il me demande à tout hasard quelles sont mes conditions.

Je colle bout à bout deux années de mon médiocre salaire, je multiplie par deux, pour moi c'est une somme extravagante, il me dit, presque agacé : « En effet, c'est pas cher ».

Ces élites qui voient le monde du sommet de leur tour, qui vivent en avion, qui s'offrent de grands albums du genre « le Monde vu du ciel », qui possèdent une licence de pilote d'hélicoptère à 700 euros de l'heure, considèrent que les problèmes de voisinage, d'immigration, d'assimilation culturelle, de folklore local en somme, sont des problèmes d'ilotes, de pauvres, c'est-à-dire négligeables. Hélas on ne compte plus les désastres qui ont été causés par des phénomènes jugés négligeables et donc négligés. L'âme des peuples est un ferment, un champignon, un germe qui se multiplie dès que la température et les conditions sont favorables. Depuis la guerre elles ne l'ont jamais été autant.

Le personnage qui est assis en face de moi sur fond de Paris au crépuscule est tout entier tourné vers le *blockbuster*. Il vend des livres à quinze euros aux étudiantes et aux mères de famille qui rêvent de rencontrer un inconnu à Central Park. Des livres où l'on glapit « hé attendez une minute ». Il veut les faire adapter au cinéma avant même de les publier. Il habite au cœur de la matrice hollywoodienne pour être sûr de donner naissance à un produit conforme, un produit qui mélange tout, un produit dont les clients eux-mêmes se ressemblent, à deux ou trois détails près, le T-shirt, les baskets, le parfum qu'ils préfèrent quand ils vont au *Starbucks*.

Renaud Camus, dont la thèse du « Grand Remplacement » donne en ce moment aux socialistes français le frisson de l'interdit, l'assortit d'un corollaire plus intéressant : celui de l'humanité remplaçable. Il souligne que l'hypothèse du remplacement d'un peuple par un autre, que je tiens encore, comme beaucoup, pour une hypothèse, est attestée (pour ma part je dirais plutôt induite) par le fait que l'on voie naître en ce moment un homme remplaçable. Et là ce n'est plus une hypothèse, mais une certitude. L'homme remplaçable, dont l'âme peut être reprogrammée, qui passe sa vie en formation, dont les organes eux-mêmes peuvent être régénérés ou échangés, l'homme robot, le transhumain du futur, est la négation de la morale, de la conscience et de la culture, donc de la France. Et cet homme-là se fabrique ici, dans ce genre de lieux, traversés par le zéphyr de l'air conditionné, d'où l'on domine les nuages, les avions, les toits et les pigeons.

- Je ne suis pas sûr, me dit Bernard Fixot, que vous soyez capable de descendre jusqu'au niveau de langage qui convient à un blockbuster.

Honnêtement, moi non plus, bien que j'en aie traduit une vingtaine. Mais alléché par le chiffre de l'à-valoir qu'il vient de citer je lui propose de faire un test, auquel il consent.

Je sens déjà qu'il sera inutile. Comme Roberts, il flaire sans cesse ce que veut le Moloch du marché. Il convoque les candidats au succès, il préempte leur travail à tout hasard, il se réserve les bons coups pour en priver les autres. Mais, en réglant son récepteur, il doute du signal au dernier moment, et finit par vous rejeter parce qu'il ne « sent » pas les choses.

En l'occurrence c'est plus grave. Ce personnage est tellement archétypique du monde qui l'a produit que j'ai l'impression d'avoir, comme dans les romans de Modiano, pénétré par erreur dans les locaux d'une société secrète, dans une fête qui réunit les plus grands de vos prédateurs, au siège social d'une fraternité occulte qui rend votre présence sur terre, votre origine, votre âme elle-même, suspectes, illégales et maudites. On voit très bien pourquoi les chaînes de télévision du câble, financées par les amis et les partenaires de mon hôte, multiplient les directs fébriles en provenance de la campagne d'Hillary Clinton. Il est indispensable, pour nos suzerains économiques de faire gagner indéfiniment l'Amérique implacable et volontaire (icône qui malheureusement s'effondre toujours davantage à chaque replâtrage à l'exemple de Mme Clinton elle-même). Il faut restaurer sans cesse l'illusion du *melting pot*, de l'immigration destinée à alimenter la croissance à crédit, de la tolérance mutuelle dont on se fiche en vérité totalement sur le plan moral, mais qui est, seule, susceptible de forger un marché homogène, docile aux *buzz* et aux *hypes*.

Il faut maintenir la machine du crédit, entretenir la dépendance de ceux qui le contractent. On ne peut pas laisser les peuples décider de leur sort et s'affranchir de la tutelle de ceux qui savent mieux qu'eux ce qu'il leur faut. S'il faut pour cela armer des bandes de va-nu-pieds au bord du désert, s'il faut financer le déplacement de millions de Somaliens ou d'Afghans vers l'Europe comme le font explicitement certaines fondations, s'il faut faire tuer les potentats africains qui veulent créer des zones de libre-échange locales, ils le feront.

Ils l'ont fait. Ils le font. Avec la complicité de la France de Neuilly-sur-Seine, depuis quarante ans, le pont aérien de la dépendance est continu : directs de Los Angeles, présidents de plus en plus atlantistes, cérémonies du débarquement de plus en plus appuyées, festival américain de Deauville, foucades destinées aux télés américaines sur le tapis rouge à Cannes, destin californien de deux ou trois vedettes françaises prises au hasard comme on gagne sa carte verte à la loterie, tout est prévu pour entretenir la faveur dont nos maîtres ont besoin pour continuer à commercer avec nous, c'est-à-dire orienter nos besoins de consommateurs selon ce qu'ils produisent, de manière à nous le fourguer plus aisément.

C'est la première fois que les Européens en perçoivent les conséquences à domicile en voyant les hordes de migrants sur leurs routes et sous leurs ponts. Nos peuples commencent à deviner l'organisation de ce système d'oppression à prétexte humanitaire. La nature de certains intérêts commence à devenir très voyante depuis qu'ils se raidissent. Que le président américain se soit déplacé tout exprès à Londres pour dire aux Anglais de bien voter a été très mal perçu en Europe. Plus encore, dans un concentré de maladresse, le système médiatique a imaginé de tirer parti d'un assassinat politique, celui d'une malheureuse députée travailliste, pour déséquilibrer le vote en faveur du maintien de l'Angleterre dans l'Union. Les arguments choisis l'ont été dans la musette des bons sentiments obligatoires. On y a puisé par habitude, sans trop réfléchir. Ce fut, par malchance, au moment où ils devenaient impopulaires : on nous a dit que la députée anglaise assassinée était une fille formidable parce qu'elle employait une assistante parlementaire qui portait le voile. Elle fréquentait des imams « modérés », elle accueillait à bras ouverts cette fameuse « diversité » si nécessaire et si tolérante, etc. Hélas des dizaines de photos la montraient en train de fraterniser plutôt à la sortie d'une salle de prière avec n'importe qui. Ces photos ont fait le tour de l'opinion anglaise en une semaine. Le résultat fut ce vote inattendu par lequel l'Angleterre a décidé de reprendre la main avant qu'il ne soit trop tard.

Peu à peu, les langues se sont déliées. Il y a, bel et bien, un projet délibéré de mettre l'Europe au pas ; et accessoirement la France à genoux. Les liens de l'ancien Commissaire Européen avec la banque américaine Goldman Sachs, les menées invraisemblables du gouvernement américain pour obtenir de son vassal suédois l'extradition de Julian Assange, l'intimidation dont la France a été la victime lorsqu'elle a dû refuser le survol de son territoire par le transfuge Snowden, le garrot de l'OTAN, la diabolisation programmée de la Russie, la campagne de presse indigne en faveur d'Hillary Clinton, tout indique que notre pays connaît l'une des pires sujétions de son histoire, sur fond de déséquilibre programmé à la libanaise. Si la maîtrise de ses décisions, de sa conscience, de son être profond ne lui est pas rendue, il peut perdre la main en quelques mois. L'élection de Donald Trump à la tête de l'empire américain semble apporter à l'Europe quelque répit. Mais les ferments de la servitude et de la division sont répandus. La façon dont l'élection de Trump a d'abord été annoncée à l'envers, puisque sa rivale ne pouvait pas perdre, puis accueillie avec dédain par la machine à fabriquer l'opinion, révèle des courants pélagiques capables d'engloutir quiconque.

Ainsi Trump a-t-il vaincu grâce à ce fameux Australien Assange, qui a opportunément fait éclater des vérités épouvantables sur le financement arabe de la politique occidentale. Et pourtant dès sa victoire la presse s'est entendue pour ne plus mentionner la divulgation de ces courriers qui témoignaient non seulement de la collusion française avec l'argent arabe et les tortionnaires de Syrie, mais de l'annexion progressive de l'Europe par les États-Unis.

La conduite de l'ambassadeur de France à Washington mérite une mention particulière. Voilà un homme qui possède toutes les caractéristiques de la nouvelle barbarie intellectuelle, c'est-à-dire doué d'une intelligence étendue, mais qui manque entièrement de jugement : ancien élève de Polytechnique et de l'ENA, cet ambassadeur est aussi un véritable autiste du raisonnement, enfermé dans son système de pensée, qui se permet de critiquer l'élection d'un nouveau président dans un pays où il représente la France. Pourquoi ? Parce qu'il est plus soucieux de plaire à ses pairs qu'à ses hôtes. C'est ce que faisaient sous mes yeux en 2006 les membres du réseau culturel français à l'étranger, qui n'organisaient des expositions que pour être bien notés à Paris. Mais aussi parce qu'en blâmant le choix du peuple américain, notre ambassadeur s'exprime au nom d'un autre peuple transnational dont il possède le passeport, celui qui gouverne du 47e étage partout dans le monde, celui pour qui les religions, les nations, les imaginaires locaux, le folklore, ne sont que de vagues superstitions vouées à disparaître. C'est le sens de toutes les déclarations du fameux Jacques Attali, autre polytechnicien pour qui la France n'est qu'un hôtel et qui veut supprimer toutes les barrières. Georges Soros avec sa fondation internationale *Open Society* s'est assigné la même mission. Il n'est pas impossible que le premier la tienne expressément du second.

Le fait de faire ainsi sauter les barrières, de supprimer les conservatoires et les conservateurs, d'aplanir toutes les crêtes du paysage culturel mondial, est particulièrement injustifiable pour un artiste puisqu'il revient à tout abstraire pour livrer passage à un art allusif, conceptuel, déconnecté, dématérialisé, dont la forme ne connaît aucune règle, aucun savoir-faire.

Mais, à défaut d'être acceptable, c'est un précepte qui obéit à la logique. Or comme toujours, l'oligarchie qui essaie de nous représenter les mérites de son monde futur, de son Nouveau monde à moitié abstrait vu du 47e étage, cette oligarchie qui prétend fournir à la machine la logique qu'elle exige, est en train de l'enfreindre tous les jours. Oui, elle déroge aux règles qu'elle a instaurées en invitant à s'installer dans les démocraties occidentales des gens dont le premier soin est de planter leurs propres barrières, d'énoncer et d'imposer leurs propres règles, y compris les plus cruelles. En somme la société ouverte nous demande d'abattre toutes les barrières pour permettre à d'autres d'ériger les leurs à notre porte. Comment peut-elle commettre une telle erreur de jugement ? L'explication est d'une simplicité outrageuse : cette société selon la norme future affecte de croire et, le Président français l'a dit expressément, que la Marianne de 2040 aura renoncé au voile pour embrasser les valeurs de la République, c'est-à-dire, pour être précis, du commerce international, lequel multiplie les *malls*, les *shopping center*s, les complexes multisalles et les S*tarbucks* cafés autour des églises pour les remplacer. Il s'agit donc de permettre à la machine économique mondiale de digérer une clientèle et une main-d'œuvre dont l'Occident pense avoir besoin pour continuer à produire et à consommer au prix du sacrifice de ce que nous sommes, quitte à…

Quitte à cesser complètement de l'être. Quitte à demander à nos cultures millénaires qui accueillent cette main-d'œuvre analphabète par bateaux entiers, de « prendre sur elles », de renoncer peu à peu à certains aspects de leur vie sociale, de leur civilisation, aspects qui heurtent les nouveaux arrivants. C'est la méthode suédoise. Crèches, pratiques d'abattage, animaux domestiques, représentation de la femme, gynécologie, hôpitaux publics, tout y passe. En moins de dix ans, de 2008 à 2016, la France aura donné la mesure effrayante de ce à quoi elle s'apprête à consentir au nom du développement des *shopping centers* : s'il faut en passer par là pour assurer le plein-emploi, elle consent à nourrir la barbarie, à lui payer le billet d'avion. En vérité elle ne consent à rien, *ils* consentent pour elle. Des gens cravatés et invités dans tous les forums internationaux, un ancien Premier ministre comme Alain Juppé, un Président de la République comme Nicolas Sarkozy, leurs équipes, leurs porte-paroles, parviennent à enjamber distraitement l'appel au meurtre d'une catégorie de citoyens, en l'occurrence les homosexuels, par une poignée de jeunes noirs musulmans réunis dans un groupe de rap portant le nom d'un groupe nazi, au nom de quoi ? De la paix civile. Pour ménager l'illusion du vivre ensemble, leur précepte devient « laissez-les appeler à tuer qui ils veulent ».

Rappelons les étapes du glissement vers la négation de notre civilisation en choisissant ce seul exemple qui semble avoir été placé là tout exprès par la Providence. Qu'on me pardonne de me mettre en scène dans le rôle à la mode, celui du *lanceur d'alerte*. En 2009, je profite d'une visite à l'Élysée dans le bureau de Catherine Pégard, pour lui signaler que, tout de même, l'invitation explicite au meurtre des homos dans une chanson destinée à la jeunesse et diffusée sur toutes les radios de France, serait digne d'une protestation vigoureuse et solennelle. Au nom de la France qui a nourri et protégé les artistes homosexuels les plus remarquables, au nom de la culture européenne qui a su leur reconnaître un rôle spécifique dans le développement des arts et de la pensée, au nom de l'humanisme homo et lesbien – qui va de Richard Cœur de Lion à Elton John en passant par Édouard II d'Angleterre, le roi de Prusse, Lord Mountbatten, les maréchaux Lyautey et de Lattre, les aviatrices célèbres, Simone de Beauvoir – les services culturels de l'Élysée que dirigeait Mme Pégard auraient pu se fendre d'un communiqué courtois, mais ferme, rappelant que la tolérance à l'égard de l'homosexualité n'est pas plus négociable que le droit des femmes en Europe.

Or Mme Pégard n'en a rien fait. Pire, elle m'a considéré, moi, comme une sorte de fanatique pour avoir osé soulever ce point de détail agaçant lors d'une conversation dans l'escalier. J'ai donc immédiatement pris date auprès de l'opinion en enregistrant une courte intervention sur internet, en écho à la publication d'un livre où je décrivais le cas d'un coiffeur de campagne terrifié de voir que personne, en France, ne soulignait l'anomalie consistant à dire dans une chanson : *vas-y, trouve ton homo au bout de ta rue, émascule-le, tue-le, et jette son cadavre au bord d'une route.*

Dans mon livre, ce coiffeur itinérant songe à demander l'asile à la Suisse, en prévision d'une Saint-Barthélemy. Mais finalement il se suicide pour avoir compris que dans la France de MM. Sarkozy et Fillon, on pouvait appeler, dans l'impunité la plus générale, au meurtre contre un coiffeur de campagne parce qu'il avait un anneau dans l'oreille.

Cette histoire est tellement exemplaire qu'elle connaît une deuxième étape, et s'apprête sans doute à en connaître une troisième, à laquelle j'espère contribuer. Le groupe de chanteurs dont il s'agit soulève bel et bien une légère indignation sur le moment. Mais c'est pour avoir dit que les homosexuels n'étaient pas *halal*. Et pour s'être déclarés « homophobes à 100 % ». De l'appel au meurtre, personne ne parle et personne ne leur parle. Il paraît qu'ils se sont excusés en prétendant qu'ils ignoraient le sens du mot *homophobe*. Difficile de se moquer du monde davantage. Mais les éditorialistes ont fait semblant de l'admettre comme, en d'autres temps, ils ont prétendu que Ribbentrop était un adepte du libéralisme américain.

Parallèlement, une demi-douzaine de personnes en France sont condamnées, sous le mandat de François Hollande, pour des plaisanteries à connotation raciste. Mais nos quatre compères, eux, vendent des disques, puis se séparent, puis revendent d'autres disques, séparément, par centaines de milliers, jusqu'à ce que l'un d'eux, qui se fait appeler Black M, finisse par être choisi par les services de l'Élysée pour divertir la jeunesse à Verdun après les cérémonies sur le champ de bataille.

Cette fois les associations d'anciens combattants et toute la Droite s'indignent, mais d'abord au nom du mépris qu'affiche le chanteur à l'égard des *mécréants* tels que définis par l'Islam. On ne mentionne que tardivement, et du bout des lèvres, l'incitation au meurtre proférée dix ans plus tôt à l'encontre des homosexuels. Mais surtout, surtout, les grandes consciences qui accompagnent la campagne électorale d'Alain Juppé au nom de l'humanisme, les gaullistes prétendument catholiques comme Hervé Gaymard, les chevau-légers du genre Benoist Apparu, jugent que finalement, on en fait beaucoup trop pour interdire le concert de ce chanteur. Le laisser se produire à Verdun n'est pas si gênant. On objectera sans doute que la moitié de l'équipe du candidat ne s'est pas prononcée *expressément* pour la tenue de ce concert. C'est encore moins courageux si elle n'en a rien dit. Vu la nature de ce que l'on reprochait à la vedette invitée (un appel explicite au lynchage), ce silence est extrêmement gênant.

Ce qui est gênant surtout, c'est de voir tolérer la négation absolue de ce que nous sommes par des gens qui prétendent nous représenter. À quoi sert-il de citer, comme Hervé Gaymard, Saint-John Perse et Giraudoux à tout bout de champ dans des livres de cent vingt pages, à quoi bon expliquer qu'on est un humaniste à la Mario Rigoni Stern, si c'est pour laisser le premier décervelé qui se présente glapir sa haine et appeler au meurtre des *kouffars* ?

Eh bien la réponse est claire. Ça sert à préserver le commerce international, à huiler la société ouverte où l'on consent à tous les abattages rituels, à autoriser toutes les révisions de programmes d'histoire, toutes les dissimulations d'œuvres d'art licencieuses, toutes les régressions successives au nom du libéralisme et pour mieux vendre. Si quelques brebis doivent être saignées dans le troupeau, elles ne peuvent désormais compter que sur leur nombre pour préserver leur quiétude, à l'exemple de ces voyageurs des trains de banlieue qui ne montent plus dans les wagons vides, et qui préfèrent voyager debout au milieu de la foule, afin garder une chance de ne pas faire partie des prochains égorgés.

C'est une époque déjà révolue. Dans le wagon, il se trouve désormais de plus en plus de voyageurs pour refuser ce marchandage et dire à la foule des moutons : levez-vous, il suffirait de rien pour que vous parveniez à enrayer cette spirale de la lâcheté.

Pour voir naître le mécanisme inverse, il suffit d'une poignée de consciences qui ne craignent ni la ruine ni l'impopularité. On commence à en trouver parmi les riches. Mais on en trouve surtout, et de plus en plus, parmi ceux qui n'ont pas un liard après une carrière intellectuelle estimable, parmi ceux que les grands journaux ne publient plus par crainte de la vérité, parmi ceux qui encourent le soupçon de populisme.

Il n'est guère agréable de se voir peu à peu oublié par ceux qui tendent le micro. Mais c'est là qu'on voit qu'il est temps de s'en saisir. En France le rapport entre la littérature et la politique est constant. Mais à certaines époques, comme la nôtre où il relève du salut public, il est capable de décupler la notoriété de n'importe quel écrivain en quelques semaines. Ceux qui auront passé leur vie à essayer de garder la faveur de l'opinion par leurs foucades et leurs « engagements » l'ont déjà compris. Ils ne voient là que le moyen de rester populaire. Ils essaient de préempter une fois de plus l'indignation ou la colère pour ne pas quitter la tribune. Mais comme ils n'auront jamais proféré que les idées qui plaisaient à l'opinion, ils ont beau fonder à tout propos des « mouvements citoyens », si la tendance générale les oblige à changer de cap, ils abattront les voiles pour voguer dans l'autre sens. Le spectacle offert il y a peu par Alexandre Jardin, cinéaste chéri des épouses de province, qui a joué les bateleurs pour un candidat libéral dans une salle parisienne (avant de prétendre concourir lui-même pour la présidentielle) était affligeant. Comme on disait dans le théâtre du Second Empire : « devant tant d'outrecuidance l'esprit s'égare », et le sien s'est perdu. Mais il existe une autre catégorie de navigateurs à laquelle je suis presque effrayé d'appartenir et qui sont déterminés à finir à la rame, même si le vent tourne. Une certaine frugalité, pour ne pas dire une réelle pauvreté les aura retenus toute leur vie de devenir insignifiants. La providence leur réserve le privilège de faire basculer l'opinion.

À propos de quoi basculerait-t-elle ? Du traitement que les marchands réservent à la seule liberté de l'homme qui est celle du regard. On peut faire emprisonner des foules entières sans parvenir à les rendre aveugles. On peut même leur crever les yeux sans que leur esprit cesse de voir le fond des choses. Mais le système marchand, celui de la distribution forcée qui gouverne la production et les moindres aspects de la vie sociale, a l'ambition d'altérer le regard des hommes pour en faire à jamais des clients et de la main-d'œuvre, d'un bout à l'autre de la terre, et en les obligeant à se conformer aux seuls usages que tolère le marché.

En écrivant à un poète hongrois en 1993, en suscitant aussitôt le dédain de mon propre éditeur qui ne pensait qu'à la distribution de ses livres et non à leur contenu ; en subissant bientôt un autre dédain, celui de son successeur qui était déjà établi à Central Park, j'étais loin de me douter que la pente était si raide. Mais tant que vous pouvez revenir en arrière, le destin a la sagesse de vous laisser ignorer où vous allez.

Une poignée de gens dont je fais partie ont pour mission de rappeler que le métissage, quand il est obligatoire est un viol. La culture de l'Europe, héritière de ses ancêtres grecs et romains, avait réussi à préserver jusqu'à 1975-1980 un corps de valeurs qui n'a pas d'équivalent ailleurs et qu'on appelle, en gros, l'humanisme chrétien. Il a donné au monde dit occidental son sens et sa profondeur pendant vingt siècles. Il ne va pas les perdre en vingt ans.

J'invite le lecteur à regarder sous les balcons, sous les corniches, dans les cimetières, dans les églises sur tout le continent. Il y trouvera une foule silencieuse, un portrait de groupe, un tableau de famille, des barbus, des demoiselles sans soutien-gorge, des athlètes, une sorte de pétrification de l'imagination européenne qui semble avoir été conçue pour nous, de Palerme à Vilnius, et de Brest à Vladivostok, comme un aide-mémoire. Sur toutes les façades de l'Europe, l'opéra immobile, muet, des cariatides et des atlantes, la ronde des anges et des naïades, la calligraphie humaine des bas-reliefs nous invitent à nous souvenir de cet extraordinaire équilibre européen, dont nous sommes les héritiers, les garants, les soldats. L'Europe au sens large (Russie incluse) est le seul continent, et la France le seul pays, où le même mot, *académie*, désigne à la fois une assemblée de savants à tête chauve et une fille nue sur l'estrade d'un atelier. La France est l'un des rares pays où les arts et les sciences sont prisés de manière égale, tendance qu'on observe en Europe depuis le XVIe siècle. Nos pays ne demandent qu'à être convaincus de leurs mérites, il suffit de les leur rappeler. Il suffit d'empêcher leurs prétendues élites de dire et d'écrire partout : « À quoi bon ? » comme le firent, dès l'ouverture du mur de Berlin, les affidés de François Mitterrand à Paris.

En effet, au moment même, 1992, où j'écrivais à un ami Hongrois pour le conjurer de résister à l'indifférenciation par le marché, Élie Wiesel, Bernard-Henry Lévy, Georges Semprun, et tous les raisonneurs brevetés des plateaux de télé, se répandaient pour fonder une académie « contre l'intolérance, la xénophobie, le racisme, l'antisémitisme, la discrimination contre les femmes ainsi que pour lutter contre la misère ».

Voilà pour la façade, le stuc, l'habillage. Mais en vérité l'objet de cette construction était de mettre en garde l'Europe contre le retour des *tribus*. Cette assemblée, bâclée, improvisée pour occuper le terrain après la chute du mur de Berlin, cherchait à réveiller la vieille idée de l'écrivain autrichien Franz Werfel en 1934, celle de réunir une académie « des poètes et des penseurs », mais basée comme toujours sur le principe de l'ouverture des frontières, du melting-pot obligatoire, du métissage systématique, qui passerait désormais par le Tiers monde, le tout afin d'éviter les réactions de repli, de rejet, assimilées au nazisme.

En somme, c'était l'application, au rapport entre les cultures, du traitement anti-immunitaire préconisé en cas de greffe lourde. Il fallait forcer l'union entre les peuples quitte à déplaire à chacun d'eux. Il fallait ligaturer, coudre, avant de pouvoir transfuser le nouveau sang de l'unanimisme. Cette « académie » de Wiesel dont on notera au passage qu'il avait un pied à New York en permanence, ce club d'intellectuels façon *Télérama-France-Inter* aura vivoté quelques années, parrainé par le pape des lettres de l'époque, un présentateur de télévision qui a commencé par le commentaire du football dans le *Figaro* et qui dirige désormais le jury Goncourt.

Ensuite le Conseil de l'Europe a pris le relais en 2001 pour créer pompeusement le *Parlement des cultures européennes*, financé par des banques, des consortiums et des régions riches du continent, toujours selon le même principe : une espèce de foire à l'intelligence qui prône fébrilement l'ouverture à l'autre, qui encourage les « démarches artistiques » calibrées pour les sièges sociaux et les budgets publics. Le tout arrosé de subventions qui ne tiennent aucun compte des préférences des peuples, comme pour l'agriculture. Partout on subventionne désormais, contre les fruits des terroirs, des produits calibrés pour entrer dans les caisses.

Avant l'élection de Nicolas Sarkozy, l'idée que la culture européenne allait crever de tout cela, c'est-à-dire la commande publique, l'ouverture à l'autre, l'obsession du Tiers-Monde, n'est venue à personne. Or désormais cette idée se répand. Les gens de goût, les prévoyants, ceux qui connaissaient l'histoire de leur continent, ont commencé à regarder Sarkozy comme un fou quand il a réveillé, en 2006, pour des raisons économiques, l'entente dite de Barcelone en l'appelant *Union pour la Méditerranée.*

J'ai subi cette foutaise en tant qu'agent du « rayonnement » français lorsque j'étais à Rome : il fallait entendre ces diplomates qui portaient des noms à tiroirs nous inciter à monter des projets avec n'importe quel *plasticien* égyptien. Ils vantaient, en Italie, les films niais, plats et surjoués d'Abdellatif Kechiche (*L'esquive, la graine et le mulet*) pour s'en flatter à Paris au nom du « vivre-ensemble ». Les Italiens pensaient à juste titre que nous étions tombés sur la tête.

Pour un fils du peuple comme moi, dont le père était savoyard et la mère corse, pour un ancien khâgneux qui lisait Péguy et Montherlant dans le texte, ce que nous faisions là, ce qu'ils nous faisaient faire, c'était de la haute trahison, rien de moins.

Eh bien ! Le complot est en train d'être déjoué.

L’Europe des statues nous regarde

Nos peuples savent très bien que tout le monde ne peut pas rêver d’acheter un appartement au 47e étage donnant sur Central Park. C’est pourtant le rêve que nourrissent et que cherchent à faire partager chez nous les esprits faibles, des joueurs de tennis socialistes aux footballeurs musulmans, des acteurs de renom aux gendres des notaires de province. La dernière mouture de cette humanité idéale promue par les magazines jusqu’à l’écœurement, programmée par la Banque internationale pour accéder à la course présidentielle française, c’est Emmanuel Macron. Macron, découvert, financé, « produit » par Henry Hermand, homme d’affaires richissime à sourire de dromadaire établi au Maroc, c’est la version *Toy Story* de l’Antéchrist. C’est le shérif Woody auquel il ressemble physiquement avec son long visage et son œil inquiet. On se demande pourquoi il n’a pas fait équipe avec Alain Juppé et Hervé Gaymard. Même costume, même langage, même formation, mêmes amis. Il n’a pas hésité, pour son clip de campagne, à aller chercher un peuple de France idéal, artisans, paysans, employés quinquagénaires, dans une banque d’images américaine sur internet.

Le caractère interchangeable de cette nouvelle humanité ne pouvait pas trouver d’illustration plus grotesque.

Or il est extraordinaire qu'une sorte de mouvement inverse soit en train de se dessiner en Amérique, un peu comme à l'époque où les centurions romains devenaient chrétiens contre toute attente.

Un Américain précisément élevé à Central Park et vivant au 72e, dans le confort d'une fortune assise, juché au bord de la fosse commune des illusions européennes, est en train de les ranimer. On assiste au paradoxe saisissant d'un destin programmé pour gouverner de haut, sans quitter ses avions ni ses gratte-ciel, qui consent au contraire à descendre au rez-de-chaussée, à se pencher sur le destin des petites gens, sur leur sort de travailleurs pauvres bradés par le commerce international et le cynisme chinois. Il leur promet de les aider à se reprendre. En attendant, il humilie publiquement, non sans imprudence, ceux qui, dans nos vieux pays, obéissent à la secte religieuse des rentiers du pétrole, ceux qui dirigent partout les antennes des sociétés défiscalisées, ceux qui comptent leur salaire en centaines de *kilo-euros*. Ce Trump nous invite à débusquer partout les corrompus du mondialisme qui profitent de la chute des frontières pour commercer dans notre dos avec les tortionnaires et les coupeurs de tête.

Pour la commodité de la démonstration, on peut encore citer Pierre Bergé.

Voilà un homme qui peut se permettre de défendre les homosexuels à Paris, leur mariage, leur procréation sur catalogue, mais qui vit au Maroc où les homosexuels sont jetés en prison sur dénonciation pour un simple baiser. Il explique à la télévision française que c'est normal, car chacun a ses usages. L'essence même du libéralisme sans morale est là : si les indignations font vendre, elles sont les bienvenues. Dans le cas contraire, on les appelle populistes.

Nul ne sait ce qu'il adviendra des intentions du fameux Trump. L'amitié qu'il prétend avoir pour les peuples offensés n'est peut-être qu'un avatar de plus du cynisme américain. Mais au moins le coup de semonce aura-t-il été ressenti partout, et surtout en France.

Il était temps. Les esprits instinctifs, sincères et sans calcul finissaient par se demander pourquoi, depuis quarante ans, ils ont développé une conduite survivaliste face aux animaux à sang froid, aux hommes politiques « profondément républicains » qui vendent leur âme aux commissaires européens et pourquoi, malgré les accusations d'extrémisme, la pauvreté qui les a suivis, leur carrière qu'ils ont compromise, ils sont restés debout sous l'outrage.

Pour ma part, j'ai compris. À l'exemple de ces personnages d'un film célèbre de Spielberg qui se sentent attirés par une montagne du Nouveau-Mexique et qui dessinent, inlassablement, le relief où ils sont programmés pour accueillir les extraterrestres, nous nous attendons à voir débarquer une escadrille de vérités irréfutables à propos du continent qu'ont bâti nos pères. Dans mon cas c'est à propos de l'héritage de ma famille savoyarde, respectueuse des valeurs dans lesquelles elle a été élevée, mais qu'elle ne reconnaît plus nulle part. C'est à propos de la trahison dont notre pays est victime de la part de cette France des *Bronzés* qui nous a imperceptiblement livrés au tiers-mondisme obligatoire, à l'argent-roi et à la clique des parvenus de Neuilly-sur-Seine.

Il y a vingt ans que je photographie des sculptures, des cariatides, des athlètes, des anges et des jeunes filles éplorées dans les cimetières, sous les balcons, en Italie, en Espagne, en Hongrie, en Slovaquie, en République tchèque, en Pologne. Partout ces marbres d'image pieuse, ces pieds nus, ces poitrines offertes, ces bustes tordus autour des colonnes témoignent, par leur humanité à la fois implorante et solennelle, de ce que les Européens ont en commun, et de ce qu'ils doivent préserver d'urgence : la culture au sens large, c'est-à-dire le mode de vie, la façon d'être, de regarder, la religion, le prochain, le travail, la science, l'industrie, l'agriculture, les aliments, les animaux, les plaisirs de la vie, l'alcool, la nudité, les femmes, les homosexuels. Tout cela chez nous a donné la civilisation du Second Empire, le Christianisme social, le capitalisme humaniste, le corps de ballet de l'Opéra de Paris, la musique de Camille Saint-Saëns, la tour Eiffel, mais aussi plus tard Renault, le Concorde, Airbus, Bouygues, Eiffage.

Toute l'Europe a chanté les louanges de notre monde équilibré, où les banques d'affaires étaient régionales, où l'art et l'industrie ont connu un développement parallèle, où il y avait des femmes nues sur les boîtes de biscuits et où l'intelligence fleurissait partout. En voyant une fontaine à Vilnius ou à Florence, on comprend que nous sommes de la même famille, une famille qu'on ne métissera jamais, c'est tout simple, jusqu'à rhabiller Neptune en Adidas comme on le voit à Orlando ou à Las Vegas.

En comparant le nombre d'écoles d'ingénieurs, et d'écoles d'art en Hongrie et en France, on comprend que c'est le même modèle social qui est à l'œuvre, celui que nous voulons, celui pour qui il n'existe pas de sous-hommes, celui dans lequel les femmes et les homosexuels n'ont pas besoin de s'excuser. Celui où tout le monde peut devenir pilote de chasse ou astronaute, celui où les médecins ne sont pas menacés dans les couloirs des hôpitaux parce qu'ils ont ausculté la femme d'un Somalien, celui où l'on respecte les animaux, la nature, la dignité des faibles. Ce modèle-là doit résister à tous les fourriers de l'internationalisme qui essaient en ce moment de nous fourguer le contraire au nom du commerce, dans le moindre village et jusqu'au fond de la Savoie.

Ce n'est pas pour subir cette greffe forcée, ce n'est pas pour être gavés de produits anti-immunitaires que mes ancêtres savoyards ont choisi la France en 1860 par référendum. Le modèle européen défini par les générations précédentes doit (et va) signifier à toutes les sociétés que l'on force à accueillir des *migrants* (traduisez de la main-d'œuvre) que l'intégration, pour un nouvel Européen, ne consiste pas à savoir faire la queue au McDonald pour demander *un Big avec une petite frite.*

Table

9732446R00115

Printed in Germany
by Amazon Distribution
GmbH, Leipzig